Monika Jetter

Mein Kriegsvater

Versuch einer Versöhnung

| Hoffmann und Campe |

2. Auflage 2006

www.hoca.de
Schutzumschlaggestaltung: Katja Maasböl
Foto: privat
Satz: Dörlemann Satz, Lemförde
Druck und Bindung: Clausen & Bosse, Leck
Printed in Germany
ISBN (10) 3-455-09422-8
ISBN (13) 978-3-455-09422-0

HOFFMANN
UND CAMPE

Ein Unternehmen der
GANSKE VERLAGSGRUPPE

Vorwort

Niemals hätte ich mir vorstellen können, ein Buch über meinen Vater zu schreiben. Hätte mir jemand einmal gesagt, dass eines Tages etwa dreißig Bücher über die Zeit des Nationalsozialismus auf meinem Schreibtisch liegen würden, ich hätte ihn für verrückt erklärt. Ich wollte damit niemals etwas zu tun haben. Aber ohne über dieses düstere Kapitel der deutschen Geschichte etwas zu erfahren, vor allem, wie es dazu gekommen war, hätte ich nie verstehen können, warum mein Vater sich der faschistischen Bewegung anschloss. Die zwölf Jahre, in denen er sich für die politischen Ziele Adolf Hitlers eingesetzt hatte, führten dazu, dass der Vater für mich emotional nie erreichbar war. Die demütigenden Appelle, denen er mich als Kind unterzog, hatten eine warme, menschliche Begegnung mit ihm unmöglich gemacht.

Viele Männer und Frauen schilderten mir während der Arbeit an diesem Buch ähnliche Erfahrungen. Die Verdrängung und die Beschädigungen, die wir Kriegs-, Nachkriegskinder in unsere Leben mitnahmen, blieben oft unerkannt. Medikamente konnten die daraus entstandenen Beschwerden zwar mildern, nicht aber die Verletzung heilen, die ich unsere gemeinsame stille

Wunde nennen möchte. Die unserer Väter und Mütter und unsere, die ihrer Kinder. Sie ist aber heilbar. Sich noch einmal an die Verletzungen zu erinnern ist schmerzlich, kann aber hilfreich sein.

Ich habe dieses Buch nicht nur für mich geschrieben, sondern für alle ehemaligen Kriegs- oder Nachkriegskinder, deren Väter und Mütter vom Nationalsozialismus geprägt waren, und die folgenden Generationen. Wer noch eine Chance zu einem Austausch hat, sollte sie nutzen. Den – wenn auch späten – Dialog suchen, der zu einem Verstehen und vielleicht zu einer Versöhnung führen kann.

Die Deutschen, das Volk der Dichter und Denker, soll nie wieder zu einem Volk der Ducker und Denunzianten werden. Auch ich hoffe, dazu einen kleinen Beitrag leisten zu können.

Wie eine Ermutigung begleitete mich bei der Arbeit an diesem Buch, was ich in »Über Anmut und Würde« von Friedrich Schiller las und heute meinem Vater gern sagen würde, wenn er noch lebte:

»Der bloß niedergeworfene Feind kann wieder aufstehen, aber der versöhnte ist wahrhaft überwunden.«

1

Als ich den Mann, den ich immer nur *den* Vater, nie *meinen* Vater nannte, zum ersten Mal weich, beinahe zärtlich erlebte, war er fünfundachtzig und ich siebenundfünfzig Jahre alt. Zweiundvierzig Jahre lang war zwischen uns eine Mauer gewesen. Wie kam es dazu, in den Jahren von 1945 bis 1952, dass eine Tür von mir zu ihm zuschlug, die sich nie wieder öffnen sollte? Nicht nur darum geht es in diesem Buch, sondern auch um die Frage, weshalb ich mich nach seinem Tod auf die Suche nach ihm machte. Dieser Vater, der mir, als ich ihn beim Sterben begleitete, zum ersten Mal das Gefühl einer Nähe signalisierte, den hätte ich mir, als ich ein kleines Mädchen war, so gewünscht. Warum das nicht möglich, *ihm* nicht möglich gewesen war, fand ich erst Jahre später heraus.
Das Signal für meine Suche waren unerklärliche Kopfschmerzen, Albträume und plötzlich auftretende Angstattacken. Beunruhigende Bilder, die mit dem Krieg und der Nachkriegszeit zu tun hatten. Sie wollten sich wie ein Puzzle zusammensetzen, gegen das ich mich aber zu stemmen schien. In all diesen Bruchstücken ging es doch noch einmal um die Frage, die ich nie mehr hatte stellen wollen, die ich irgendwann aufgehört hatte zu

stellen: Warum konnte ich als Kind nicht auf dem Schoß des Mannes sitzen, der der erste Mann in meinem Leben war? Meine kleinen Arme um seinen Hals legen und mich bei ihm geborgen fühlen? Warum musste ich mich immer so anstrengen, um ihm zu genügen? Warum reichten meine mühevollen Versuche nie aus?

Meine Recherchen halfen mir, mich von einer über viele Jahre tief in mir vergrabenen Traurigkeit, Enttäuschung, von latenten Ängsten und unerklärlichen Schuldgefühlen zu befreien. Dass daraus einmal ein Buch entstehen sollte, wusste ich noch nicht, als ich, zunächst nur für mich, Aufzeichnungen zu machen begann, um eine Erklärung für die bedrohlichen Fragen zu finden, die mich ein Leben lang begleitet hatten. Und dafür, warum ich keine Trauer fühlte, als er tot war. Mit diesem Buch möchte ich auch anderen Kriegskindern, vor allem denen, deren Väter noch leben, zeigen, dass es sich lohnt, die Hintergründe des Schweigens der Väter auszuleuchten. Es kann helfen, auf das Verlassenheitsgefühl und die Traurigkeit eine Antwort zu finden. Eine Antwort, die wir so gern bekommen hätten auf die Frage, die wir nie stellten: Warum hast du mir das angetan? Warum konntest du mich nicht annehmen, wie ich es gebraucht hätte? Väterlich und liebevoll?

Ich dachte oft an Vergil, von dem ich gelesen hatte: Glücklich der, der die Gründe der Dinge zu erkennen vermag. Glücklich machte mich zwar nicht, was ich schließlich erfuhr, aber nach vielen Anträgen, Besuchen in Archiven, Institutionen und Bibliotheken bekam ich zunächst einen Überblick, der später zur Erkenntnis führte und schließlich Klarheit brachte, welchen Weg der Vater (geboren 1912) gegangen war, um für sich eine Chance für ein besseres Leben zu finden. Er versuchte seiner damaligen desolaten Situation zu entrinnen, aus der es kein Entrinnen zu geben schien. Er war jung, arbeitslos, ohne Vater, ohne sicheren familiären Hintergrund und ohne Perspektive. Was aber hatte immer zwischen uns gestanden?

Was waren das für Bilder, die sich nach seinem Tod in mir meldeten? Sie mussten mit der Zeit nach dem Krieg zu tun haben, das ahnte ich schon – und auch, dass ich damit nicht allein stand. Dass nicht nur ich nach dem Ende des Zweiten Weltkriegs einen Vater hatte, der mir bis dahin fremd gewesen war und über den ich mich nun freuen sollte, weil er nicht »gefallen«, sondern aus dem Krieg nach Hause gekommen war. Nun würde alles gut werden, dachte ich als kleines Mädchen und schaute erwartungsvoll zu ihm hoch. Aber es kam ganz anders, und bald schon betete ich heimlich zur Mutter Gottes: Nimm ihn zurück in diesen Krieg, aus dem er gekommen ist, denn *den* Vater will ich nicht.

Hatten andere Männer und Frauen ein ähnliches Schicksal gehabt? Schauten auch sie in kalte, fordernde Augen, die jegliche Güte und Liebe vermissen ließen? Mussten auch sie um Liebe und Beachtung fast betteln und sich, wenn überhaupt, Anerkennung, Zuwendung durch Ausführen unsinniger Appelle und Gehorchen »ohne Wenn und Aber« ver-, erdienen? Wie hatten sie die Nachkriegskinderjahre erlebt? Um mit ihnen ins Gespräch zu kommen, schaltete ich in der »Welt am Sonntag« bundesweit folgendes Inserat:

Wir Kriegskinder (Söhne und Töchter)
Wie kamen unsere Väter aus dem »Kampf fürs Vaterland« zurück in unsere Familien? Wie prägten ihre physischen und psychischen Schäden uns als Kinder (Kasernenhofparolen, Disziplinierungen u. Ä.)? Für eine Dokumentation bitte ich um Ihre Zuschriften. Diskretion selbstverständlich. Ich besuche Sie gern, selbst betroffen, auf dem Weg der Versöhnung mit unseren Vätern.
Zuschriften …

Die Briefe, die ich erhielt, zeigten unterschiedliche Resonanz und Nöte auf, in die die kleinen Kinder von damals nicht nur mit ihren zurückgekehrten Vätern, sondern auch mit Müttern geraten waren. Müttern, die, wie später vielfach beschrieben, tapfere Trümmerfrauen gewesen waren, aber offenbar auch mit ihren Männern, die nun nach Jahren heimkehrten, vor einem Scherbenhaufen standen.
Erschüttert las ich von den Beschädigungen, an denen die Männer und Frauen bis heute leiden. Aus einer Zeit, in der sie sich, oft früh verstummt, meist in ängstlicher Beobachtung ihrer ums Überleben kämpfenden Eltern nicht mitteilten. Sie berichteten von Schlafstörungen, nächtlichen Angstattacken, Bettnässen, Herzrasen, Beziehungsschwierigkeiten. Einige waren mehrfach verheiratet, trennten sich immer wieder, weil sie sich nie »zu Hause« bei einem Partner fühlen konnten. Sie schrieben von Hautproblemen, Stottern (gelegentlich bis heute) wie auch von immer wieder auftretenden Beschwerden des Bewegungsapparates (»Das sitzt einem für immer in den Knochen«).

Der lange Brief einer Frau, heute etwa sechzig Jahre alt, die als kleines Mädchen von ihrem Vater mit einem Ledergürtel (mit Koppelschloss) geprügelt worden war, erschütterte mich. Sie schrieb: »Ich war ihm nie artig und folgsam genug. Wenn er mich herumkommandierte und ich anfing zu weinen, musste ich vor ihm wie eine kleine Ente herumwatscheln. Das war so furchtbar, so erniedrigend, dass ich heute noch losheulen möchte. Aber Heulen war nicht drin. Und wenn ich heulte, dann schlug er mich mit diesem Ledergürtel.« Ich rief sie an. Wir verabredeten uns zu einem Spaziergang an einem See. »Das Schlimmste für mich bis heute ist«, meinte sie, immer leiser werdend, »dass ich immer noch hoffte, er würde mich, wenn ich herumwatschelte wie eine Ente, doch noch lieb haben.« (Ich erfuhr später, dass der »Entengang« in der Rekrutenausbildung der Wehrmacht zur Demütigung bei Gehorsamsverweigerung eingesetzt wurde.) Weiter schilderte sie mir, dass sie sich dann als Frau niemals einem Mann vertrauensvoll, in Liebe hatte hingeben können. »Da war einfach kein Gefühl mehr da für Männer«, sagte sie. Sie suchte Beziehungen zu Männern, mit denen sie ihr damaliges Ohnmachtsgefühl gegenüber ihrem Vater in sadomasochistischen Ritualen wieder zuließ, um überhaupt etwas zu fühlen. Bis sie sich, hin- und hergerissen zwischen Scham und einer Lust, die sie zu ihrem Entsetzen dabei empfand, in vielen Gesprächen mit einem Psychologen davon befreien konnte.
Ein Mann bat mich in seiner Zuschrift um Rückruf. Er fühle sich angesprochen. Allerdings nicht wegen seines

Vaters, sondern wegen »der Frau«, die ihm nie einen emotionalen Zugang zu seinem in Russland gefallenen Vater ermöglicht habe.

»Ich habe ihn nie kennen gelernt, wohl aber war ich«, erzählte er mir stockend, als ich ihn anrief, »mit dieser Frau zurückgeblieben, die mir nie eine Mutter war, obwohl die Nazis sie doch dazu erzogen hatten. Zum so genannten Mutterglück. Sie hatte ihrem Führer doch voller Stolz einen Sohn geschenkt. In ihrem Schlafzimmer, in das ich so gut wie nie durfte, standen auf dem Nachttisch zwei Fotos in silbernen Rahmen mit je einem Trauerflor. Eine Fotografie zeigte meinen Vater in Uniform, die andere Adolf Hitler. Ich meine, sie trauerte mehr um ihren Führer als um meinen Vater. Um eine Zeit, aus der ich übrig geblieben war und in der sie sich nun, ohne meinen Vater und ohne ihren Führer, nicht zurechtfinden konnte. Ich kann mich nicht erinnern, einmal etwas Wärme von ihr bekommen zu haben. Ich versuchte es immer wieder, aber irgendwann gab ich auf. Sie war hart und nie zugänglich. Bei *der* war nichts zu holen.« Dreimal habe er geheiratet. Zweimal sei es ihm nicht möglich gewesen, sich in seinen Partnerschaften sicher zu fühlen. Erst jetzt, mit sechzig Jahren, habe er, nachdem er gelernt habe, sich mitzuteilen, zu seinen Ängsten zu stehen, eine Frau gefunden, bei der er sich geborgen, zu Hause fühle. Ohne Anstrengung, einfach nur erleichtert, dass er nun so sein könne, wie er sei, und dafür angenommen und geliebt werde.

Viele schilderten ihre Gefühle aus jener Zeit, in der sie angebrüllt, geschlagen und geprügelt wurden. Sie erin-

nerten sich resigniert: »Man musste es eben aushalten und verstand nicht, wofür man ›wieder dran‹ war.«
Die Schäden, von denen ich in den Briefen las, schienen umso schwerer bei den damaligen Kindern, je früher ihre Väter nach Hause gekommen waren. Diese Soldatenväter trugen den Krieg, alle damit verbundenen Erlebnisse und die Art, wie sie dafür abgerichtet worden waren, offenbar noch in sich.
Mein Dank gilt allen, die mir schrieben. Vieles, was ich las, holte auch mich wie ein dunkles Stück aus der Kindheit ein.
Die geplante Dokumentation über dieses Thema ließ sich jedoch nicht verwirklichen, obwohl viele, die mir schrieben, meinten, es müsse endlich »auf den Tisch«. Den meisten aber war es wichtiger, ihre Angehörigen zu schützen. Ihre Anonymität musste ich ihnen garantieren. Die Scham überwog, dass »so etwas« in der Familie stattgefunden hatte. Eine Kollektivscham? Auch ich war nicht frei davon. Ich hatte meiner Tochter niemals erzählt, was mir als Kind geschehen war. Schon wollte auch ich »das alles« nun endlich loslassen, als ich in der »Süddeutschen Zeitung« folgendes Gedicht von Georg Kreisler[1] las:

WARUM
Warum sind die Leute so feige?
Dafür gibt's doch gar keinen Grund.
Ach, es sterben die blühenden Zweige,
und das Leben geht immer zur Neige,
doch sie halten verbissen den Mund.

Warum sind die Leute so träge
und befreien sich nicht aus der Not?
Ach, sie schlucken den Schlamm und die Schläge,
und der Sargtischler kommt mit der Säge,
doch sie schweigen sich durch bis zum Tod.

Warum sind die Leute so fügsam
und fürchten den leisesten Wind,
so wie Gerten, geschmeidig und biegsam,
und im Leben und Tode genügsam?
Sei nicht wie die Leute, mein Kind.

Nachdem ich dieses Gedicht gelesen hatte, entschloss ich mich gegen das Schweigen. Ich wollte mich nicht durchschweigen bis zum Tod, wollte herausfinden, was damals geschehen war und wie es dazu hatte kommen können, denn nur das Wissen befreit von dem »Schlamm« und den »Schlägen«.
Es war ein mühsamer Weg, aber er hat sich gelohnt. Denn ich konnte ein Schattenhaus verlassen, in dem auch ich oft der Not, Gefühllosigkeit und Kälte ausgeliefert war. Dass ein solcher Schmerz nach über fünfundvierzig Jahren noch einmal hochkommen kann, mit immer mehr Erinnerungen und Bildern aus längst vergangener Zeit, hätte ich nicht für möglich gehalten. Und doch war es so. Mir wurde auf diesem Weg aber auch klar, warum viele von uns keine liebevollen, liebesfähigen Väter hatten. Es waren nicht sie, es war der Krieg, in den man sie geschickt hatte, aus dem sie traumatisiert in ihre Familien zurückkamen, die oft nicht wussten, welche schrecklichen Erfahrungen die meist

noch sehr jungen Männer dort hatten machen müssen. Aus heutiger Sicht meine ich, sie waren ausgebrannt, abgestumpft, verroht und seelisch auf den Nullpunkt gekommen, besonders durch die menschenverachtende Ideologie, die aus diesen jungen Männern hirnlose Roboter gemacht hatte. Durch bedingungslosen Gehorsam, bis zur Unterwerfung im blinden Glauben an »die Sache des Führers«.

Hatte der Vater nicht ab und zu, als er schon sehr alt war, wie entschuldigend gesagt: »Ich bin unterworfen«? Ich verstand nie, was er damit sagen wollte. Ahnte nur, dass das für ihn wie eine Kapitulation und ein Eingeständnis der Schwäche war. Einer Schwäche, die damals nie gezeigt werden durfte, weil Hitler die jungen Männer zu flinken Windhunden, zäh wie Leder und hart wie Kruppstahl, schmieden wollte. Zu Kruppstahl, der längst vom Band lief, damit sie für seine Kriegspläne missbraucht und dann verfeuert werden konnten. Aber bevor es dazu kam, flatterten die Fahnen, brannten erst die Fackeln, dann die Bücher, danach die Synagogen. Über alle Zweifel wurde hinwegmarschiert. Singend meist, dem vermeintlichen Sieg entgegen für ein besseres, deutsches Leben und mit dem Eid auf den Führer im Sturmgepäck. Sie sprachen selten darüber, und oft war auch niemand da, der ihnen zuhören wollte. Und *danach* wollte davon niemand mehr etwas wissen. So waren viele von uns jahrelang wie in einen Nebel gehüllt, in dem wir irgendwie miteinander zurechtkommen mussten. Aber bis ich all das erkannte und auch begriff, weshalb ich früher immer eine innere Abwehr gegen all diesen »Nazi-Kram« gehabt hatte, sollten viele Jahre vergehen.

2

Es begann 1993 mit dem Schmerz in meinem Kopf, der sich, begleitet von mir unerklärlichen Angstgefühlen, immer wieder einstellte, als ein Schutzwall zwischen mir und dem Vater brüchig wurde. Meine Mutter stand eines Tages nicht mehr als Kommunikationsschiene oder -sperre in dem Schweigen zwischen dem Vater und mir zur Verfügung. Sie wurde immer hilfloser und versank in einer Sprechunfähigkeit, die uns keine Wahl ließ: Er und ich mussten ins Gespräch kommen. Ich gebe zu, dass ich das nicht wollte, weil es alte Wunden aufgerissen hätte. Aus einer Zeit, die ich immer das Dunkel genannt hatte, einer Enge, der ich 1958 endlich hatte entfliehen können.

Mit knapp achtzehn Jahren hatte ich mein Elternhaus in Berlin verlassen. Nur zu den üblichen Familienfesten kehrte ich nach Hause zurück. Heimweh zog mich dorthin zu Familientraditionen, besonders den Weihnachtsbräuchen aus Oberschlesien wie das Festessen am Heiligabend – Karpfen, Sauerkraut, Speck und Zwiebeln – und am nächsten Tag der Mohnstollen und das Gänseklein, das es schon am Nachmittag gab, bis die knusprige Weihnachtsgans, natürlich mit Rotkohl und den köstlichen Klößen, auf dem Tisch stand. Das

Singen von Weihnachtsliedern gehörte auch dazu. All das konnte aber nie eine wirkliche Nähe herstellen. Mir kam es immer vor, als gebe es etwas, das man besser nicht mehr ansprach, das wie in einer Truhe verschlossen war. Bloß nie mehr den Deckel heben, denn das hätte Fragen und Antworten bedeutet, die nicht erwünscht waren. So sangen wir: »Am Weihnachtsbaum die Lichter brennen«, sangen über die Lunte hinweg, die in uns zu zünden drohte, und schwiegen weiter. Dieses Schweigen hatte immer etwas Bedrohliches gehabt. Als fürchtete man sich vor einem bösen Geist, den man nie gesehen hatte und der doch irgendwo lauerte. Wie Goethes Zauberlehrling, den der Vater häufig zitierte: »Die ich rief, die Geister, werd ich nun nicht los.«
Gern zitierte der Vater aus Goethes Werken. Er konnte große Teile aus dem »Faust« auswendig, und sehr oft, wenn die Eltern Ostern zu Besuch kamen, trug er uns den »Osterspaziergang« vor. Es berührte mich sehr, wenn er voller Begeisterung, in der Familie zu sein, ausrief:

»Hier ist des Volkes wahrer Himmel,
zufrieden jauchzet groß und klein:
Hier bin ich Mensch, hier darf ich's sein.«

Heimweh nach meiner Mutter, die ich zu früh verlassen hatte, zog mich immer wieder nach Hause. Wie eine leise, nie gestillte Sehnsucht aus einer Zeit, als ich, ein Kind noch fast, mit einer oft nicht bewussten, aber doch sich immer wieder leise meldenden Traurigkeit allein war, die sich vor allem beim Hören von schwermütiger Musik einstellte. Sie zog mich tiefer und tiefer in das schon erwähnte Dunkel, in dem ich mich wie zu Hause und gleichermaßen verlassen fühlte. Ich erinnerte mich, dass ich als kleines Mädchen oft stundenlang im dunklen Zimmer saß. Meine Mutter fragte mich: »Was machst du denn hier – so im Dunkeln, Kind?« Ich konnte keine Antwort darauf geben und nicht sagen, warum ich das Dunkel wie einen Schutz empfand, wie einen leeren Raum, der tief in mir nur mir gehörte. Ein Ort des Rückzugs vor der Unruhe, in der ich oft mit ihm war, *dem* Vater. In einer Zeit als kleines Mädchen, in der ich anderes gebraucht hätte als das, was ich bekam und gegen das ich mich, mit aller Kraft offenbar, zur Wehr setzte, weil ich keinen Sinn sah in dem, was er von mir wollte. Aber, und das war wohl das Schlimme, auch *sagte,* dass ich für Quatsch hielt, was er von mir verlangte.

Zwischen meinem fünften und zwölften Lebensjahr durchlitt ich viele Demütigungen. Trotzdem unternahm ich oft Anstrengungen, die Liebe des Vaters doch noch zu bekommen, aber es war vergebliche Liebesmüh. So entschied ich mich gegen ihn, für ein Leben ohne ihn.

Als ich in Alice Millers Büchern »Du sollst nicht merken«[2] und vor allem »Der gemiedene Schlüssel«[3] las, ein Kind habe nur zwei Möglichkeiten, sich in so einer desolaten Situation einzurichten, verstand ich, dass solche Kinder entweder resignieren oder sich aufstellen. Letzteres traf wohl auf mich zu. Nach anfänglichem Rückzug, dann aufgrund immer weiter ausgeübter Kontrollen des Vaters, der Befehle und der erniedrigenden Appelle, die ich nie verstand, entschied auch ich mich zur Rebellion.

»Dich kriege ich schon klein«, schrie er mich oft an. Ich erwiderte: »Ich möchte doch nur in Ruhe groß werden dürfen.« Meine Verweigerung des Gehorsams ließ ihn eines Tages, als ich ihm, schon gewöhnt an Schläge, mein Gesicht hinhielt und sagte: »Jetzt schlag schon zu, damit endlich Ruhe ist«, aus dem Ruder laufen. Er brüllte: »Schau mich nicht so an mit deinen blauen Marienaugen. Ich verfluche dich für dein ganzes Leben.« Marienaugen? Verfluchte er auch Maria, die Mutter Gottes?

Ich war etwa acht Jahre alt und eine kleine Katholikin. Er nahm mir mit diesem Fluch alles, was ich hatte: meine stille Sehnsucht nach ihm und meine Notadresse bei der Mutter Gottes. An wen sollte ich mich nun wenden?

Was ging wohl damals in mir kleinem Mädchen vor? Eigentlich wollte ich mich nicht mehr daran erinnern, und doch war es eines Tages nicht mehr aufzuhalten.

Die über Jahre gehaltene Distanz, die Mauer zwischen dem Vater und mir bekam einen Riss, als seine Hilferufe aus Berlin deutlich machten, dass mit meiner Mutter etwas nicht stimmte. Bis dahin war der telefonische Kontakt zu den Eltern immer über sie gelaufen. Nun nahm *er* den Hörer ab, wenn ich anrief, weil sie es nicht mehr konnte. So kam ich nicht mehr an ihm vorbei, wie all die Jahre vorher. Ich wusste damals nicht, in welcher Not er schon in den vorangegangenen Monaten gewesen war, in denen sich meine Mutter, wie er es schilderte, verändert hatte.

Immer öfter fuhr ich übers Wochenende, häufig mit meiner Tochter, von Hamburg nach Berlin, um ihn zu unterstützen. Wir versuchten ihm einerseits durch äußerliche Entlastung zu helfen, die die Versorgung und Haushaltsführung betraf, mehr aber durch eine intime Hilfe, die wir meiner Mutter gaben: durch zärtliches Händehalten, Umarmen, Singen von Kinderliedern und Memory-Spielen, in der Hoffnung, dass sie sich doch wieder anschließen könnte an das Leben, das sie zu verlassen schien. Wenn wir dann, nachdem wir zu Hause klar Schiff gemacht hatten, auf dem Rückweg nach Hamburg waren, legte sich oft etwas wie eine Klammer um meinen Hals. Tiefes Durchatmen half nicht. Ich spürte, dass ich ihn zurückgelassen, verlassen hatte, ohne ihm wirklich Trost gegeben zu haben in dieser Einsamkeit, in der er nun an der Seite meiner Mutter lebte. Einer Einsamkeit, die auch zwischen ihm und mir spürbar war, aber sich nicht auflösen ließ. Wir waren uns zu fremd.
Eines Tages stand die Diagnose fest: Meine Mutter litt an der Alzheimerschen Krankheit. Bei einem weiteren Besuch in Berlin kam es nachts zu einem bedrohlichen Vorfall. Aufgeschreckt durch den Hilferuf des Vaters ging ich ins Schlafzimmer der Eltern. Aus seinem Bein spritzte Blut, die ganze Wand war rot. Er schaute mich verzweifelt und hilflos an. Meine Mutter irrte umher und packte lauter Dinge ein, die herumlagen. Ich rief die Feuerwehr. Während wir warteten, sah ich seine Beine voller dunkler Krampfadern. Ich ahnte, dass er lange gezögert hatte, um Hilfe zu bitten. Er wollte es allein schaffen.

Die geplatzte Ader brachte uns in eine neue Situation: Die bis dahin eingehaltene räumliche Distanz war nicht mehr möglich. Wir mussten uns notgedrungen neu positionieren, was bedeutete, nicht nur miteinander über die Mutter zu reden, sondern auch ein Verständnis zwischen uns herzustellen. Etwas, das mich in die Abwehr trieb.

Vorrangig aber war die Hilfe für meine Mutter. Sie brauchte Fürsorge bei ihrem stillen Abschied aus dem Leben. Ich versprach dem Vater, dass ich einen Weg finden würde. Das schien ihn zu erleichtern. Wirklich? Es war, so meine ich heute, nur ein kleiner, zaghafter Anfang einer Auflösung der Sperre zwischen uns. In dieser Zeit nahmen die unerklärlichen Kopfschmerzen zu. Ich führte sie auf die Belastung zurück, die dadurch entstand, dass ich neben meinem Beruf den Umzug der Eltern von Berlin nach Hamburg organisierte, wo ich für sie eine kleine Wohnung in einem Seniorenheim in meiner Nähe gefunden hatte.

Immer öfter holte mich ein bedrohlicher Traum aus dem Schlaf, den ich schon aus früheren Jahren kannte, aber immer verdrängt hatte. Zusammengekrümmt liege ich unter einer Treppenstufe. Es geht ein eiskalter Wind durch das Treppenhaus. Ich hoffe, nicht entdeckt zu werden. Hilflos schaue ich zu einem großen, schwarzen Schatten hoch, der im Türrahmen steht. Ich will weglaufen, aber das ist unmöglich. Die Ängste holten mich ein wie ein Gespenst in Uniform. Hatte der Traum etwas mit Krieg, meiner Kindheit nach dem Krieg, mit der Nazizeit oder den Kriegserlebnissen des Vaters zu tun?

Als ich Jahre später, schon bei der Arbeit an diesem

Buch, auf »Den Kopf verkehrt aufgesetzt oder Die melancholische Linke« von Michael Schneider[4] stieß, fragte ich mich, wie es möglich gewesen war, dass ich mich nie vorher für die Nazigeschichte des Vaters interessiert hatte. Dass ich Bücher anderer Autoren, die schon vor zwanzig Jahren auf der »Suche nach der verlorenen Zeit« ihrer Väter gewesen waren, nie gelesen hatte, zum Beispiel »Die Reise« von Bernward Vesper, »Suchbild. Über meinen Vater« von Christoph Meckel, »Nachgetragene Liebe« von Peter Härtling oder »Vaterspuren« von Brigitte Schwaiger, um nur einige zu nennen. In Schneiders Buch fühlte auch ich mich in meiner Suche nach der verborgenen oder verdrängten Wahrheit der Väter im »Dritten Reich« angesprochen. Eine Pflichtlektüre für alle, die wie ich nichts mehr hören oder lesen wollten, was mit dieser Zeit zu tun hatte, und doch eines Tages, aus welchem Grund auch immer, feststellten, dass man daran nicht vorbeikommt, wenn man sich aus den Albträumen befreien will.
In meiner Familie war niemals darüber gesprochen worden. Meine Mutter hatte immer wieder gesagt: »Von Politik will ich in diesem Haus nie mehr etwas hören. Einmal muss doch Schluss sein mit ›dieser Sache‹. Das Volk hat genug mitgemacht.« Der letzte Satz war so verkehrt nicht, denn wie in allen Kriegen, so waren auch in diesem von den Nationalsozialisten begonnenen Krieg über die deutsche Zivilbevölkerung Elend, Vertreibung, Bomben, Hunger und Not gekommen. So auch für uns, als der Vater im Krieg war und meine Mutter mit uns zwei kleinen Kindern durch harte Zeiten musste. Niemals aber wurde erwähnt oder reflek-

tiert, dass dieses Grauen, das später zu all dem Elend nach dem Zweiten Weltkrieg führte, ohne das Volk, diese seltsame Volksgemeinschaft, zu der die deutsche Bevölkerung sich hatte zusammenschmieden lassen, nicht möglich gewesen wäre. Jenes Volk, das damalige Deutschland, von dem ich nichts wusste. Ich meine heute, dass ich als politisches Schlüsselkind aufwuchs. Mit einem Schlüssel um den Hals zu einer Tür, durch die viele, auch der Vater und meine Mutter, gegangen waren. Zu welcher Tür der Schlüssel passte, sollte ich nicht wissen, und so wusste ich auch wenig von ihnen aus jener Zeit. Weitere Überlegungen, Fragen und Antworten zu der Fremdheit zwischen dem Vater und mir stellten sich aber erst viel später ein, als ich erkannte, warum wir uns nie begegnen konnten. Denn durch die Hilflosigkeit, in die er mich in jenen Zeiten brachte, schlug mein Herz eine andere Richtung ein. Es hatte sich nicht nur von ihm abgewandt, sondern begeisterte sich längst für den Widerstand. In Solidarität mit all denen, die sich diesem System widersetzt und dafür zum Teil ihr Leben gelassen hatten.

Letzteres forderte mir den größten Respekt ab. Wie der Einsatz der Geschwister Scholl (Weiße Rose) und der Männer, die, wenn auch spät, am 20. Juli 1944 versucht hatten, durch ein Attentat diesem Wahnsinn ein Ende zu bereiten. Dafür wurden viele von ihnen zum Tode verurteilt, von Richtern, denen ein Rechtsbewusstsein längst abhanden gekommen war. Richtern, die nur noch ihre Karriere im Sinn hatten. Hier hatte das Recht keinen Platz mehr, weil das Unrecht längst wie ein hässlicher Krake alle im Würgegriff hielt. Es waren Täter, die diese »Bewegung« unterstützten und die viele Menschen durch ihr Urteil ans Messer lieferten. Es war für mich ein Problem, dass der Vater kein Mitläufer gewesen, sondern der Bewegung freiwillig gefolgt war. Warum und wie es dazu kam, wusste ich aber damals noch nicht.

Zunächst ging es vorrangig um die Fürsorge für die Mutter. So organisierten wir erst einmal einen familiären Schulterschluss. Meine Schwester kam, so oft es ging, aus der Schweiz, wo sie lebt und damals noch als Erzieherin arbeitete. Meine Tochter und ich wechselten uns ab in der Betreuung, die die Mutter immer mehr benötigte.

Noch zwei Jahre konnten wir sie halten und behüten, dann starb sie entkräftet an einer Lungenentzündung. Ich war bei ihr in dieser späten Nacht im Krankenhaus, sang ihr leise Lieder aus ihrer Kindheit im oberschlesischen Hindenburg vor. Lieder, die ich von ihr kannte, vom schönen Riesengebirge, über das sie oft gesprochen hatte.

»O mein liebes Riesengebirge,
Wo die Elbe so heimlich rinnt,
Wo der Rübezahl mit seinen Zwergen
Heut noch Sagen und Märchen spinnt.
Riesengebirge, schönes Gebirge,
Meine liebe Heimat du!«

Dieses Lied sang ich für sie in dieser Stunde. Dabei wiegte ich sie in meinen Armen. Es war ein inniger, leiser Abschied, der mich neben dem Schmerz, sie zu ver-

lieren, in einer ängstlichen Trostlosigkeit zurückließ – nun ohne sie und mit dem Vater. Hatte sie nicht gelegentlich leise gesagt: »Das habe ich nicht verdient«? Was hatte sie damit gemeint? Ich hatte nie nachgefragt. Es war in ihrem Leben als junge Frau und Mutter immer nur ums Überleben gegangen, dachte ich an ihrem Sterbebett. Selten gab es für sie Gelegenheit, Lust am Leben zu spüren und eigene Erfahrungen zu machen. Sehr karg wuchs sie auf mit der Oma, ihrer Mutter, der Kriegerwitwe aus dem Ersten Weltkrieg, die ihr sicher zeitlebens ein Vorbild gewesen war. Von ihr hatte sie vor allem gelernt: Die Frau hat dem Mann zu gehorchen. Sie hatte, so meinte ich mich zu erinnern, schon ab und zu versucht, mir mitzuteilen, dass ihr das nicht gefallen habe. Aber zu leben, wie es ihr gefallen hätte, dafür gab es in jenen Zeiten keine Chance. Auch sie (1914 geboren) war ein Kriegskind gewesen. Ihr Vater, den sie nie kennen gelernt hatte, der Heinrich, war im Ersten Weltkrieg gefallen. Sie und ihre Schwester waren mit der Mutter aufgewachsen, die ihr Leben nach dem Tod ihres Mannes nur noch mit Gott geführt hatte. Ein arbeitsreiches Frauenleben. Sie wurde vierundachtzig Jahre alt, von denen sie nur drei mit einem Mann verbrachte, war streng katholisch und immer eine praktizierende Christin.
Wie es zu ihrer Ehe gekommen war, hatte sie einmal meiner Schwester erzählt, mit der sie immer eine sehr innige Beziehung verband. Meine Schwester war als kleines Mädchen oft bei der Oma in Hindenburg gewesen, bevor ich geboren wurde. Ich schreibe die Geschichte auf, weil ich meine, dass sie sehr typisch ist für

viele Frauen in der Zeit damals. Es galt, das Beste zu machen aus dem, was möglich war. Was auch bedeutete, niemals etwas zu erfahren, zu erleben, was außerhalb der Norm, des Vorgegebenen, des *Erlaubten* lag. In Hindenburg in Oberschlesien wuchs meine Mutter auf mit ihrer Mutter, die niemals einen Mann vermisst zu haben schien. So konnte sie ihren Töchtern auch kein Männerbild vermitteln. Was man nicht gelebt hat, kann man auch nicht weitergeben. Einmal erzählte mir also meine Schwester, die Oma habe ihr geschildert, wie das damals zustande kam mit dem Heinrich, den sie traf, als er Steiger in der Grube war, und sie in Stellung. Er habe gesagt, du und ich, Franziska, wir sind doch beide katholisch, da könnten wir uns doch zusammentun. Und dann, nach der Hochzeit, habe er in ihr Bett gewollt. »Sie sagte: ›Was willst du in meinem Bett? Du hast doch ein eigenes.‹ Na ja, dann musste der Heinrich in den Krieg, und bald kam Käthe.« (Das war meine Tante, die zwei Jahre ältere Schwester meiner Mutter.)
Was hatte die Großmutter gemeint, als sie sagte: »Na ja, und bald kam Käthe«? Was hat wohl damals in diesem Ehebett stattgefunden? Ob sie überhaupt auf die erste Ehenacht vorbereitet war? Einmal muss ihr Heinrich aber doch noch »auf Heimaturlaub« aus diesem Ersten Weltkrieg gekommen sein, denn sonst wäre wohl meine Mutter nicht geboren worden. Wann mein Großvater fiel und wo, habe ich nie erfahren. Anscheinend wusste meine Mutter selbst nicht viel darüber. Sprach ihre Mutter nie mit ihr über Heinrich? Sie war und blieb eine Kriegerwitwe, die allein für zwei Töchter zu sorgen hatte. Obwohl es Bewerber gab, hat meine

Großmutter nie wieder geheiratet, denn die Oma, so hatte meine Mutter erzählt, habe immer gesagt: »Der Heinrich ist zwar tot, aber vor Gott ist er immer noch mein Mann.«

Als kleines Mädchen hatte sie ihre Mutter immer arbeitend erlebt. Sie war in Stellung, wie es damals hieß, versah den Haushalt anderer, die ihre Dienste bezahlen konnten. Durch ihrer Hände Arbeit war sie unabhängig und stolz, sich und ihre beiden kleinen Töchter ernähren zu können. Sie erzog sie in streng katholischem Glauben zu Demut und Genügsamkeit. Nie herrschte wirkliche Not, und weil sie so gut haushalten konnte, gab es auch keinen Hunger. Was wir heute Luxus nennen würden, hat meine Mutter allerdings nie kennen gelernt und daher auch später nie vermisst. Der liebe Gott war der Mann im Hause, in dem sie aufwuchs, und Klagen, so hatte sie oft gesagt, Klagen habe sie von der Oma nie gehört.

So ganz auf Gott verließ die sich aber doch nicht, als sie beide Töchter nach Berlin schickte, damit sie einen Beruf erlernten, denn ihre Töchter sollten es einmal besser haben als sie.

Die Oma, so hörte ich oft, konnte von einem Huhn viermal in der Woche ein Essen zaubern. Und später lebte sie auch mir diese Sparsamkeit vor, als sie 1956 endlich »heim ins Reich« – das hieß: zu uns – kam, wie sie es sich in vielen Briefen gewünscht hatte, die zwischen Berlin und Hindenburg, nach dem Krieg wieder Zabrze / Polen, hin und her gingen, Briefen, die immer mit dem Satz endeten: »Bis auf baldiges Wiedersehen, Mama«.

Als sie endlich vor unserer Tür stand, war die Freude groß. Sie brachte nicht viel mit. Eine kleine Fußbank, die sie Hutsche nannte, Fotos, einige wenige Kleider, die alle selbst genäht und mit einem kleinen weißen Kragen versehen waren, ein Gesundheitsbuch, nach dessen Regeln sie ihr Leben lang gelebt hatte. Es zeigte zum Beispiel, wie Ärzte bei gynäkologischen Untersuchungen auf einem Schemel saßen und sich durch mehrere lange, schwarze Unterröcke hindurchtasten mussten.
Die Mutter und meine Tante hatten eine Wohnung in unserer Nähe für sie gefunden. Schnell lebte sie sich dort ein. Bei ihr war immer so etwas wie Ruhe, die wir Kinder vorher nie gespürt hatten. Sie integrierte sich schnell in der katholischen Gemeinde und spendete von ihrer kleinen Witwenrente für die noch im Bau befindliche Orgel.
Täglich führte sie eine rege Korrespondenz mit Menschen, die sie mochte. Hörte jeden Tag die Nachrichten aus einem kleinen Radio, das wir ihr schenkten, und hatte viel Freude an ihrem großen Blumenfenster. Die Oma habe den grünen Daumen, hieß es. »Bei ihr gedeiht einfach alles.« Im Schrank hatte sie immer eine Flasche selbst gemachten Eierlikör. Für Besuch, dem sie etwas anbieten wollte. Ihr Leben lang benutzte sie keine Kosmetika. Im kalten Winter genügten Butter und Joghurt, wenn die Haut spannte. Sie lachte, wenn sie uns als junge Mädchen beim Schminken beobachtete. »Wozu die Putzsucht?«, meine ich sie noch zu hören. Sie hatte bis ins hohe Alter eine wunderbare Haut, ohne Falten. Vor allem aber konnte sie gut zuhören. Sie gab nur ein Urteil ab, wenn man sie fragte.

Ich erinnerte mich an ein Streitgespräch in der Familie. Es ging um einen Menschen, den auch sie kannte. Als wir zu keinem Entschluss kamen, wie nun weiter mit *dem* umzugehen sei, fragten wir die Großmutter, die nur leise sagte: »Nun, ich finde, er gewinnt im Gespräch.« Sie verurteilte nie einen Menschen, fand an jedem etwas Gutes und lebte uns vor, was Nächstenliebe bedeutet. Sie führte wirklich ein christliches Leben. Als sie im Sterben lag und ihre Töchter in Tränen um sie herum standen, soll sie gesagt haben: »Was weint ihr denn? Freut euch mit mir, denn ich gehe nun endlich nach Hause.«
Beneidenswert, wenn man so fühlt, kurz bevor man endgültig gehen muss.

All diese Gedanken kamen mir in den Stunden im Krankenhaus, als *ich* mich nun endgültig von meiner Mutter verabschieden musste. Auch sie, und dafür liebte ich sie so, hatte nie geklagt und immer aus allem das Beste gemacht. Woher hatte sie nur diese Kraft gehabt, *all das* durchzustehen und bei *all dem* etwas zu vermitteln, das ich für das Schönste, Kostbarste halte, was ich aus dieser Zeit erinnere: Wärme.
Als ich ihre Hände hielt, die so viel für uns getan hatten, war sie mir so nah, dass ich meinte, sie nicht gehen lassen zu wollen, ohne ihr noch etwas zu erklären. Denn ein Schuldgefühl überkam mich, als ich mich in dieser stillen Nacht erinnerte, dass sie doch einmal, wenn auch leise, etwas angemeldet hatte. Sie hatte gemeint, sie wäre gern von Berlin nach Hamburg umgezogen, um ihrem Enkelkind näher zu sein. Vielleicht

auch mir? Mich erfasste damals panische Angst. Sie, meine Mutter, hätte ich sofort gern bei mir gehabt. Aber ihn, den Vater? Das konnte und wollte ich nicht. Nur, warum nicht? Da war es wieder, dieses Dunkel. Ich spürte nur Abwehr. Und so sah ich in dieser Nacht noch einmal ihr damals enttäuschtes Gesicht. Das tat mir sehr weh. Einmal hatte sie eine Erwartung, einen Wunsch geäußert, und ich hatte ihr diesen Wunsch nicht erfüllt. Vielleicht, so hoffte ich, ahnte sie damals, warum ich das nicht konnte, denn sie musste doch wissen, was mir als kleinem Mädchen geschehen war. Gesprochen hatten wir nie darüber. Hoffte sie, ich hätte es vergessen? »Warum hast du nie mit mir über diese Zeit gesprochen?«, hätte ich sie in ihren letzten Tagen gern gefragt. Aber dazu war es nun zu spät.

Den Morgen nach ihrem Tod im Krankenhaus werde ich nie vergessen. Ich fuhr zu dem Vater in seine kleine Wohnung und gab ihm den Trauring der Mutter. Worte brauchte es nicht. Er stürzte in sich zusammen. Es gab keine Wahl, ich musste ihn auffangen. Zum ersten Mal in unserem Leben hielten wir uns in den Armen. Die Mauer, die unser Leben lang zwischen uns gestanden hatte, schien zu wanken. Was war hinter dieser Mauer verborgen?

Wir fanden für ihr Grab bei einem Steinmetz einen Stein aus dem Riesengebirge. Im Katalog trug er den Namen Rübezahl. Den nahmen wir, das hätte sie sicher sehr gefreut. Ein Stück Heimat für den letzten Weg. Nach einem langen, schweren, oft entbehrungsreichen, unruhigen Leben, das ihr in jungen Jahren alles abverlangt und vieles vorenthalten hatte.

3

Der Vater und ich mussten näher zusammenrücken. Die Kopfschmerzattacken veränderten sich. Es trat so etwas wie ein andauernder Druck auf, als steckte mein Kopf in einer Zwinge. Immer öfter wurde mir schwindlig, als hätte ich meine Balance verloren. Die Abgrenzung zu ihm kam ins Schwanken und damit auch ich. Ich hatte keine Zeit, um diese Symptome abzuklären. Auch konnte ich um meine Mutter nicht trauern, denn nun ging es um den Vater, der nach fast sechzigjähriger Ehe, in der er bis auf seine Soldatenjahre nie von meiner Mutter getrennt gewesen war, einsam und hilflos umherzuirren schien. Ich fühlte, wie mich das in eine ähnlich hilflose, einsame Zeit zurückziehen wollte.

Als wir mit dem Beerdigungsinstitut das Begräbnis der Mutter besprachen, überraschte mich der Vater mit seinem Vorschlag, ein Urnengrab zu kaufen, in dem einmal Platz für uns alle – für die Eltern, meine Schwester und mich – sein sollte. »Irgendwann einmal«, so meinte er, »können wir an diesem Platz alle vier doch vielleicht Ruhe finden.« Meinte er damit eine letzte Ruhe nach vielen Jahren ungeklärter Unruhe?

Meine Träume wurden intensiver, bedrohlicher, je mehr er versuchte, mir näher zu kommen. In den

Albträumen lagen Teile von kleinen Kindern verstreut herum. Ich versuchte sie einzusammeln und zu verstecken. Männer in Uniform marschierten beinahe dröhnend durch meine Träume mit zackigen, lauten Schritten. Panzer rollten heran. Ich versteckte mich und ein kleines Kind, das Schutz brauchte. Wer war dieses Kind? Ich hatte keine Zeit, darüber nachzudenken.

Immer öfter versuchte er, mich im Gespräch zu erreichen und mir von sich zu erzählen. Bruchstücke aus seiner Kindheit, die armselig, entbehrungsreich gewesen war. Er wurde, damals noch eine Schande, als uneheliches Kind geboren. Ohne Vater, mit einer Mutter, die ihn zur Großmutter abschob, wo er keine Liebe, Anerkennung und Förderung fand. Er erzählte das ohne Reflexion, ohne ein Erkennen, dass auch ich Liebe und Anerkennung nie von ihm bekommen hatte. »Ja, ich hätte gern studiert. Geschichte, Archäologie, das waren damals meine Träume«, meinte er leise. Aber seine Großmutter hatte gesagt: Wer soll das bezahlen? Ein Handwerk sollte er lernen. Er hatte keine Wahl. Er wurde Zimmermann. Doch danach, 1930, als er siebzehn, achtzehn Jahre alt war, gab es keine Arbeit, wenig zu essen und keine Aussicht auf eine Besserung der Lage. Er erwähnte die gescheiterte Weimarer Republik und dass er sich danach anderen angeschlossen hatte, denen es genauso schlecht ging wie ihm. Er erzählte, sie hätten in Berlin von Lastwagen aus Kommunisten gejagt, die sie als Feinde sahen.

Ich spürte Abwehr, mir das anzuhören, und fand ihn larmoyant und selbst in seinem Schmerz nicht glaubwürdig. Es war eine tief verankerte Verachtung, die sich über Jahre in mir manifestiert hatte, weil er *einer von denen* war, die dem Nationalsozialismus, diesem Wahnsinn, die Treue geschworen hatten. Bedingungslos und kritiklos. Meine Verachtung ließ nicht zu, jetzt ein Gefühl zu ihm herzustellen, das er mir abzufordern schien. Er wollte von mir Mitgefühl. Schon damals schien sich eine Erinnerung an eine Zeit anzumelden, in der er mich angeschrien und geschlagen hatte mit der Begründung: »Wer nicht hören will, muss fühlen. Denn was Hänschen nicht lernt, lernt Hans nimmermehr.« Zu jener Zeit konnte ich ihm nicht sagen: »Ich bin aber kein Hänschen, ich bin ein kleines Mädchen, Vater.« Es erschien mir unmöglich, mich in sein damaliges Leben einzuklinken, nach all den Dokumentationen, die ich dann mehr und mehr im Fernsehen verfolgte.

Aber hatte er mir nicht auch irgendwann einmal gesagt: »Nur die allerdümmsten Kälber wählen ihre Metzger selber«? Hatte er dabei nicht August Bebel, den Sozialdemokraten, erwähnt? Und hatten sie nicht damals neben den Kommunisten auch Sozialdemokraten gejagt? Wie passte das zusammen? Welchen Metzger hatte *er* gewählt? Hitler, diesen Massenmörder, der sich nicht selbst die Hände schmutzig machen musste, weil er dafür seine gehorsamen Gehilfen hatte, seine Vollstrecker? Hitler und seine NSDAP, die eine Angel ausgelegt hatten, an der bald die meisten Hungernden wie Würmer hingen? Sie konnten nicht wissen, dass dieses »Endlich Schluss machen mit der Schmach«, wie Adolf Hitler pathetisch von den Rednerpulten dröhnte, in die Not hinein, die in Deutschland nach dem Ersten

Weltkrieg durch die Reparationskosten entstanden war, zu einer noch viel größeren Schmach führen sollte. Aber wie hatte Brecht gesagt: »Erst kommt das Fressen – dann kommt die Moral.« Hunger hatten viele damals, und Arbeit gab es keine. Moral hatte keine Chance. Alle waren anfällig, als Arbeit und Brot angeboten wurde. Die vielen Bücher, die ich darüber las, erklärten auch den Hunger des Vaters – besonders seinen Hunger danach, lernen zu können. Er suchte nach einer Aussicht auf ein besseres Leben. Wo er sie fand und wohin ihn das führte, niemals sprach er darüber, als er, dreiunddreißig Jahre alt, nach »vollem Einsatz«, viermal verwundet, zu seiner Familie nach Berlin zurückkam. Natürlich hatte er die Hoffnung, aufgefangen zu werden und doch noch Anerkennung zu bekommen für diesen Einsatz mit »Leib und Leben fürs Vaterland«, in dem nach Kriegsende alles in Schutt und Asche lag. Aber nun wollte niemand mehr etwas von »dieser Sache« hören. Nun sollte wieder einmal Schluss sein nach der bedingungslosen Kapitulation mit »dieser Schmach«, die zwar eine andere war, sich aber nur auf den Trümmern des Ersten Weltkrieges einen Weg hatte bahnen können. Durch die so genannte Dolchstoßlegende, diesem »Verrat am Volk«, den die damaligen Politiker begangen hätten, wie der Vater gelegentlich sagte. Viele Soldaten jener Zeit, die er immer Kameraden nannte, hätten auch 1914 bis 1918 Leib und Leben fürs Vaterland geopfert.

Hatten dieser Erste Weltkrieg und seine Folgen den Weg in die Irre gebahnt, diesem Hitler in den Sattel geholfen? Von all den Hintergründen, den geschicht-

lichen Zusammenhängen wussten wir Kriegs- oder Nachkriegskinder nichts.
Ich erinnerte mich, dass ich eines Tages – ich muss sieben Jahre alt gewesen sein – lachend erzählte, ich hätte in der S-Bahn ein Schild gesehen: »Tausche großes Bild von Hitler gegen kleines Brot von Wittler« (einer Brotfabrik in Berlin). Meine Mutter lachte ebenfalls. Der Vater verließ schweigend das Zimmer. Immer schwiegen alle, wenn es um »diese Sache« ging, die stets zwischen uns stand. Das sollte sich ändern, als es dann ab 1993 um *unsere* Sache, unsere Familie ging, die nun Nähe brauchte, mit der wir alle in der Familie Schwierigkeiten zu haben schienen. Der auch ich immer noch ängstlich ausweichen wollte. Zu viele nie gestellte Fragen standen zwischen uns aus einer Zeit, als alles rings um uns herum zerstört war und es Wichtigeres gab, als solche Fragen zu stellen. Es ging zunächst ums Überleben. Ich sollte herausfinden, warum ich mich für »all das« nie interessiert hatte. Denn das ließ sich nicht trennen vom Krieg, dem ich wie auch andere kleine Kinder in den Straßen Berlins täglich begegnet war. Ich sah Männer, die aus diesem Krieg zurückkehrten, mit Krücken, an Stöcken humpelnd, oft blind. Auch wenn wir nicht wussten, was Krieg eigentlich bedeutete, er musste etwas Furchtbares sein, wenn er den Männern dieses Leid zugefügt hatte. Und so hatte ich offenbar den Satz meiner Mutter, »Von Politik will ich nie wieder etwas hören«, tief in mir verankert.

Der Vater lebte nun allein in dem Seniorenheim. Seine Anrufe und Botschaften auf meinem Anrufbeantworter nahmen zu. Immer öfter sagte er: »Entschuldige, ich bin unterworfen.« Er schien sich selbst anzuklagen, dass er *seine Haltung* verlor, was er wie eine Kapitulation empfand. Schwäche zu zeigen war für ihn unerträglich. Und doch war er nun schwach.

Von meinen immer häufiger auftretenden Beschwerden, den Kopfschmerzen und den Schlaf- und Konzentrationsstörungen, sagte ich ihm nichts. Sie behinderten mich zunehmend bei der Arbeit. Das war bedrohlich, denn zu jener Zeit war ich noch Nachrichtensprecherin beim Norddeutschen Rundfunk, und ab und zu versagte meine Stimme. Die Bedürftigkeit des Vaters wurde so stark, dass ich mich bedrängt fühlte. Ein Panzer legte sich um mich, als wollte ich den Vater nicht an mich heranlassen. Dazu kam die latente Angst, dass auch ich vielleicht diese Krankheit in mir trug, an der meine Mutter so elend zu Grunde gegangen war. Als alle Untersuchungen wegen des Drucks in meinem Kopf mit der Diagnose abgeschlossen wurden, dass kein organischer Befund vorlag, riet mir meine damalige Ärztin, einen Therapeuten aufzusuchen. Das lehnte ich zunächst spontan ab. Noch immer dachte ich, es würde sich schon alles wieder normalisieren. Ich versuchte, zunächst den Vater in seiner Verlassenheit zu stützen, die nun von ihm Besitz zu ergreifen schien. Obwohl ich mich oft in die Enge getrieben fühlte, weil er mir doch noch etwas abtrotzen wollte, das ich ihm bis zu dieser Zeit verweigert hatte und worauf er Anspruch erhob. Denn, so sagte er immer wieder: »Für meine Familie habe ich doch nach dieser Zeit alles getan, was ich konnte.« Mit »nach dieser Zeit« verknüpfte ich einige Erin-

nerungen. Vor allem aber ging es nie darum, was *vor* dieser Zeit gewesen war.
Eines Tages saßen wir uns in meiner Küche gegenüber. In seinen Augen sah ich Angst. Plötzlich brach es aus ihm heraus: »Was ist, Monika, wenn ich sterbe und da oben doch einer ist, der mich fragt: ›Was hast du gemacht, Werner, in deinem Leben, zum Beispiel damals auf Kreta?‹« Er war einer der deutschen Fallschirmjäger, die, wie ich Jahre später herausfand, bei dem Luftlandemanöver »Merkur« 1941 über Kreta absprangen, um die von Briten, Australiern und Neuseeländern besetzte Insel als Stützpunkt vor Afrika zu erobern. Einem Todeskommando, wie ich vom Militärgeschichtlichen Forschungsamt in Potsdam[5] erfuhr, bei dem die Wehrmacht viele tausend Tote, Vermisste und Verwundete verzeichnete. Viele Fallschirmjäger kamen um, als sie, noch in der Luft schwebend, an ihren Fallschirmen abgeschossen wurden. Andere landeten in Kakteen und Bäumen und wurden mit Bajonetten abgestochen. Ich erinnerte mich, dass er mir davon schon einmal, als ich etwa fünf Jahre alt gewesen war, erzählt hatte. Dieser Fallschirmjägereinsatz musste ein Trauma für ihn gewesen sein, das ihn nie wieder losgelassen hatte. Kakteen und Bajonette hatte er damals schon erwähnt – und mehr: »Monika, die Kameraden, die zerfetzten Kameraden, sie schrien nach dem Sani, aber die wenigen, die es gab, waren selber verwundet oder schon tot, und viele der blutjungen Kameraden schrien auch ›Mama‹. Ja, Kind, sie riefen nach ihrer Mutter, während sie verbluteten.«
Über weitere Einzelheiten seines Traumas erfuhr ich

aber erst bei meinen Recherchen. Die überlebenden Soldaten müssen, bei glühender Hitze, in einem Meer von Verwundeten und Leichen gekämpft haben.
»Diese Partisanen«, so hatte der Vater mir, dem kleinen Mädchen, erzählt, »die haben den gefallenen Kameraden die Eheringe abgezogen, und wenn das nicht ging, einfach den ganzen Finger abgeschnitten. Diese Leichenfledderer.« Ich muss ihn offenbar total verschreckt angesehen haben, denn er hatte gesagt: »Aber nun schnell ins Bett, und sag Mutti nichts davon.« Bei meinen Recherchen im Potsdamer Archiv las ich aber auch – und darüber hatte er nie gesprochen –, dass es auf Kreta furchtbare Übergriffe auf die Zivilbevölkerung, auf alte Frauen, Männer und kleine Kinder, gegeben hatte. Generalmajor Student, unter dessen Kommando dieses Manöver stand, hatte härteste Vergeltungsmaßnahmen befohlen gegen die Kreter, die mitunter als Freischärler aktiv die Kämpfe der Alliierten bei Kampfhandlungen und begangenen Grausamkeiten unterstützt hatten. »Die betroffenen Truppenteile sollten selbst in die jeweiligen Ortschaften zurückkehren, dort die männliche Bevölkerung ›ausrotten‹ und alle Häuser sprengen bzw. niederbrennen. Ausdrücklich wies er die Einheitsführer an, nicht erst besondere Kriegsgerichtsverfahren abzuwarten, sondern schnell ein Exempel zu statuieren. Damit glaubte Student, die besten Voraussetzungen für seine Tätigkeit als künftiger Wehrmachtsbefehlshaber der Insel geschaffen zu haben.«[6]
Es ging eben nicht nur um den Feind (»Gegen einen *offenen* Feind kämpfe mit Ritterlichkeit«, so hatte man es ihnen beigebracht), sondern auch darum, einem Parti-

sanen kein Pardon zu gewähren, wie der Vater es in den »Zehn Geboten des Fallschirmjägers«[7] hatte lernen müssen, die ich später in seinem Nachlass fand. Hatte er die Gebote als Rechtfertigung vor sich selbst aufbewahrt? Sie lauteten:

»1. Du bist ein Auserwählter der deutschen Armee.

2. Du wirst den Kampf suchen und dich ausbilden, jede Art von Prüfung zu ertragen.

3. Für dich soll die Schlacht Erfüllung sein.

4. Pflege wahre Kameradschaft, denn durch die Hilfe deiner Kameraden wirst du siegen oder sterben.

5. Hüte dich vorm Reden. Sei nicht bestechlich. Männer handeln, während Frauen schwatzen. Reden kann dich ins Grab bringen.

6. Sei ruhig und vorsichtig, stark und entschlossen. Tapferkeit und Begeisterung eines Angriffsgeistes wird dich die Oberhand im Angriff behalten lassen.

7. Das Wertvollste angesichts des Feindes ist deine Munition. Derjenige, der unnütz schießt, nur um sich zu beruhigen, verdient nicht den Namen ›Fallschirmjäger‹.

8. Du kannst nur siegreich sein, wenn deine Waffen gut sind. Achte darauf, dass du dich an das Gesetz hältst: ›Erst meine Waffe und dann ich.‹

9. Du musst den vollen Sinn jedes Unternehmens verstehen, damit, wenn dein Führer fällt, du selber handeln kannst. Gegen einen offenen Feind kämpfe mit Ritterlichkeit, aber einem Partisanen gewähre kein Pardon.

10. Halte deine Augen offen. Sei behände wie ein Windhund, so zäh wie Leder, so hart wie Kruppstahl, nur so wirst du die Verkörperung des deutschen Kriegers sein.«

Diesen Geboten folgte auch der Vater, das war klar. Das Ausführen von Befehlen, Geboten zum Kriegführen ließ offensichtlich keinen Einspruch zu – und ihn auch Jahre danach nicht los. Das bekam ich, wenn ich später spuren musste, zu spüren.

In dem Buch »Deutsche Fallschirmjäger 1939–1945«[8] las ich ebenfalls viel über das Manöver »Merkur«. War der Vater möglicherweise an den Massakern, der Ausrottung von Alten, Frauen und Kindern beteiligt gewesen? Welche Bilder aus jener furchtbaren Zeit holten ihn nun im hohen Alter ein? Das fragte ich ihn zu jenem Zeitpunkt nicht, denn damals wusste ich zu wenig über diese schrecklichen Ereignisse.

Seit meinem Leben als Kind, wenn im Elternhaus diese für mich unverständlichen Stimmungen aufgetreten waren, die ich spürte und verdrängte, hatte ich versucht, mich bedrängende Situationen durch Lockerheit abzupuffern, so auch in diesem Moment, als ich mich sagen hörte: »Wenn da oben wirklich jemand ist und wissen will, was du auf Kreta gemacht hast, dann sag ihm einen schönen Gruß von deiner Tochter Monika, die ihn fragt, warum er all das zugelassen hat.« Was war »all das« für ihn – und damit auch für mich?

Ich vermutete, dass es genau darum ging, dass genau dies der Grund war, warum nichts gut gehen konnte mit uns. Mit ihm und mir. Die Anerkennung für seine Tapferkeit und seinen mutigen soldatischen Einsatz konnte und wollte ich ihm nicht geben. Ich wollte überhaupt nichts damit zu tun haben, nichts mit diesem Krieg und vor allem mit *ihm* nicht. Bis heute übrigens, wie ich erfuhr, gelten die deutschen Fallschirmjäger

von damals auch bei der heutigen Bundeswehr unbestritten als Vorbild wegen ihres »vollen Einsatzes«. Es gibt Flüge zum deutschen Soldatenfriedhof in Maleme auf Kreta. Ich ließ den Gedanken wieder fallen, diese Grabstätte zu besuchen. Ich empfand Wut auf Generalmajor Student. Mich interessierten nicht Gräber, sondern das Leben des Vaters. Vor allem der Teil seines Lebens, in dem er mir später kein Vater sein konnte. Beinahe schien es mich zu beruhigen, als ich Ausführungen des Generals a.D. Heinz Tretter über die Fallschirmjäger las (Unterlagen, die mir ebenfalls das Militärische Forschungsamt zur Verfügung stellte):
»Zur Beschäftigung mit nationalsozialistischen Ideologien blieb in den kurzen Monaten der Aufstellung und den langen Jahren schwerer Kämpfe gar keine Zeit. Die Erziehungserlasse dieser Jahre wirken heute übertrieben beflissen und beinahe hilflos. Sie drangen kaum bis zur Truppe durch und bewirkten nichts. Eindeutig behielten die alten Werte wie Tapferkeit, Härte, Einfachheit, Kameradschaft und Vaterlandsliebe die Oberhand über die verschwommene Phraseologie der ›Bewegung‹.« Hatte der Vater nicht immer wieder gesagt: »Mit *der Sache* hatte ich nichts zu tun. Ich war Soldat«? Ja, er war Soldat, und das sicher mit sehr viel Einsatzbereitschaft, Mut und Tapferkeit. Er war ein soldatischer Nationalsozialist, angetrieben aus einer Zeit, über die er nie sprach.

Nach dem Tod der Mutter bedrohten ihn die Enge und Stille in seiner kleinen Wohnung. Er floh in Kneipen, es zog ihn zu Männern, da in dem Seniorenstift fast nur

Frauen lebten. Er war auf der Suche nach Kameraden. Männern, mit denen er reden konnte über sein Leben mit Männern vor und während des Krieges. Zwölf Jahre, die sein Leben geprägt hatten – darüber wollte er sich austauschen und konnte es doch nie. Vielleicht spürte er, dass er bei mir, wie schon in früheren Jahren, auf Ablehnung stoßen und niemals die ersehnte Anerkennung bekommen würde für seine Leistungen in diesem Krieg. Über meine Bewunderung für den Widerstand habe ich nie mit ihm gesprochen. Ich stellte aber auch fest, dass ich vom Widerstand, bis auf die von mir verehrten Helden des Aufbegehrens gegen den Faschismus, wenig wusste. Gab es in der Bevölkerung keinen Widerstand? Aus dem Buch »Opposition gegen Hitler«[9] erfuhr ich: »Die Verbrechen des Regimes (zum Beispiel des Russlandfeldzugs 1941, in dem sich die Einsatzgruppen bemüht hatten, das grausige Tun vor der kämpfenden Truppe zu verbergen) veränderten den Charakter des nicht organisierten Widerstandes. Wie die hinter der Front verübten Gräuel und das Schicksal der bald die Millionengrenze überschreitenden russischen Kriegsgefangenen, die zu Zehntausenden in sengender Hitze auf freiem Feld verhungerten und verdursteten. Empörung und Scham über das immer deutlicher erkennbar werdende Mordregime, das die an der Front stehende Truppe missbrauchte, trieben viele zu unbedachten Protesten. Die Sondergerichte sorgten dafür, dass solche Aktionen in einer Unzahl von Todesurteilen erstickten. Hier entwickelte sich ein stilles Heldentum, das in der Geschichte des Widerstandes oft nicht genügend berücksichtigt wird. In einer Atmosphäre von Denunziation und Kriegshysterie fanden Juden und Verfolgte Unterschlupf, erhielt da ein russischer Kriegsgefangener ein Stück Brot zugesteckt und wurde dort geholfen – alles Gesten der Menschlichkeit, die von unmenschlichen Gerichten mit barbarischen Strafen belegt wurden. Die Zahl der auf diese Weise ums Leben Gekommenen wird nie ganz festzustellen sein.«

Wie hätte ich mit dem Vater darüber reden können? Ich wusste zu wenig, um meine Meinung fundiert vertreten zu können. Aber auch »Opposition gegen Hitler« erschien erst 1984, neununddreißig Jahre nach dem Ende des Zweiten Weltkriegs. Da es immer zu neuen Kriegen kam, hätte sich vielleicht eine Chance geboten, uns wenigstens *darüber* auszutauschen, zum Beispiel während der Kämpfe um die Falklandinseln im Frühling 1982. Damals erzählte ich dem Vater, wie seine sechsjährige Enkelin, die mit mir zusammen einen Bericht darüber im Fernsehen gesehen hatte, mich abends, als ich sie ins Bett brachte, fragte: »Mama, was machen die da?« Ich versuchte ihr zu erklären, dass dort Krieg sei. In einem Krieg müssten leider immer Menschen sterben, aber überall auf der Welt setzten sich auch Menschen dafür ein, dass es keine Kriege mehr geben dürfe. Weiter fragte sie ängstlich, ob die Bomben auch zu uns kämen. Ich beruhigte sie – dieser Krieg sei weit weg von uns. Dann hielt ich sie im Arm, bis sie einschlief. Als ich leise das Kinderzimmer verließ, holten mich bedrohliche Erinnerungen an die Kriegszeit ein. Einige davon hätte ich aufgeschrieben, sagte ich dem Vater. Zum Beispiel die heulenden Sirenen – und wie wir dann mit den Nachbarn, anderen Frauen und Kindern im Luftschutzkeller saßen, fast im Dunkeln, und immer ganz leise sein mussten, bis die Sirenen wieder heulten. Das hieß dann Entwarnung. Die Angst der Großen übertrug sich auf uns Kinder. In meiner Erinnerung hielten sie sich an uns und wir uns an ihnen fest, bis wir aus dem Keller steigen durften. Es roch furchtbar, überall lagen Staub und Schutt, und die Frauen wollten sofort sehen, was nach dem Bombenangriff übrig geblieben war. Der Vater fragte damals nicht nach, was ich denn geschrieben hätte. Mein Artikel »Nie wieder Krieg, mein Kind« wurde im Juni 1982 im »Deutschen Allgemeinen Sonntagsblatt« abgedruckt und danach im Norddeutschen Rundfunk ausgestrahlt. Mit großem Echo. Männer, ehemalige Soldaten aus dem Zweiten Weltkrieg, die sich gerade auf der Autobahn befanden, hielten an der nächsten Raststätte oder auf dem nächsten Rastplatz, wie sie mir später schilderten, weil sie nicht mehr fahren konnten. Ihre Erinnerungen und ihre Tränen hinderten sie daran. Männer, die damals auch ihre Knochen hingehalten hatten. Als ich dem Vater den Artikel zu seinem siebzigsten Geburtstag schenkte, schien es schon, als berührten ihn meine Erinnerungen an meine Zeit im und nach dem Krieg. Aber er sagte nur: »Ja, diese Falklandinseln, da haben die Briten einmal ein deutsches Kreuzergeschwader versenkt.« Bei meinen Recherchen fand ich heraus, dass er Recht hatte. Der Vater wusste fast alles über Kriege und ihre Hintergründe. Aber worum es mir ging – Frieden –, das erreichte ihn nicht.

Damals konnte ich nicht wissen, dass ich mich eines Tages an seine Frage erinnern sollte, warum ich kein Bild von ihm in meiner Wohnung hätte, in der doch Fotos von so vielen anderen Menschen seien. Er hatte mir eines geschenkt. Ich ließ es rahmen und stellte es in einer Ecke auf. Aber eben nur in einer Ecke, in die ich nie schaute. Der Vater, der sich mir auf diesem Foto lächelnd zeigte, blieb immer draußen.

Gelegentlich hatte ich schon früher ihm gegenüber meine Abscheu vor Kriegen deutlich gemacht, deren Vernichtungsmaschinerie immer perverser wurde. Wie die Atomwaffen, die Neutronenbombe, Napalm, Giftgas. Ich erinnerte mich, dass ich mit ihm einmal den Film »Die Waffen nieder!« nach dem Roman der Pazifistin und Friedensnobelpreisträgerin von 1905, Bertha von Suttner, gesehen hatte, einer Pionierin der modernen Friedensbewegung. Meine Begeisterung über die Leistung Bertha von Suttners konnte er nicht teilen. Er hörte nicht hin, als ich sagte: »Das Waffengeschäft, Vater, war schon immer das größte Geschäft. Um diese Waffen einzusetzen, braucht man die Soldaten. Soldaten wie du und deine Kameraden damals und heute andere Soldaten, die wieder ihr Leben opfern müssen. Für die Machtkämpfe derer, die Frieden herzustellen anders nicht in der Lage sind und die oft ganz andere Interessen haben, politische oder wirtschaftliche.« Auch später, als ich schon Mutter meiner Tochter war und ihre kleinen Spielkameraden ins Haus kamen, schien er mich nicht zu verstehen, wenn ich die Freunde meiner Tochter aufforderte, »Spiel«-Zeug wie Wasserpistolen, Zwillen, Plastik-Rambos vor der Tür abzulegen. »Hier wird gespielt«, sagte ich den Kindern. »Hier richtet niemand eine Waffe auf einen anderen. Hier sind alle Freunde.« Mich hatte geprägt, was ich von meiner Mutter oft gehört hatte: »Von Politik wird in diesem Haus nie mehr gesprochen.« Ich hörte die Worte meiner Mutter gern, dass von Politik und auch vom Krieg, der damals immer noch da zu sein schien, nicht geredet werden sollte. Und wenn, geschah das nur hinter geschlossenen Türen. Dann hieß es: »Kinder, geht mal raus.« So blieben wir immer draußen und fragten uns: Worüber reden die Großen? Wir spürten, dass da etwas nicht stimmte. Und die gedrückte Stimmung, in der die Großen dann waren, übertrug sich auf uns. Ich glaube kaum, dass ihnen bewusst war, wie es uns Kindern damit ging. Aber meine Haltung gegen den Vater sollte sich festsetzen, denn ich ging meinen Weg als überzeugte Pazifistin. Mir wurde klar, dass über den Krieg kein Austausch möglich war. Das hätte seinen soldatischen Heldenopfergang in Frage gestellt, den er in zahlreichen unter furchtbarsten Bedingungen geführten Gefechten und Einsätzen durchlebt hatte. Er und seine Kameraden, die, wie in allen Kriegen der Menschheitsgeschichte, diesem grausamen Geschehen auf Gedeih und Verderb ausgesetzt waren, hatten alles geben müssen, ihre Kraft, ihre Jugend und oft auch ihr Leben. »Wir waren eben die Frontschweine«, hatte ich den Vater oft sagen hören. »Von den Schweinereien, die in der Heimat stattfanden, wussten wir nichts.« Hier schien der Vater mir plötzlich Leid zu tun. Denn von diesen barbarischen Vernichtungs- und Verfolgungsvorgängen wusste er tatsächlich nichts, da war er schon im Krieg.

4

1996 nahm der Vater nach einer Anfrage bei der Bundeswehr in der Sophienterrasse in Hamburg, gleich neben dem Seniorenstift, in dem er wohnte, Kontakt zu ehemaligen Fallschirmjägern auf. Dort hatte man ihm von gelegentlichen Zusammenkünften der Kameraden von damals erzählt. An einem dieser Treffen nahm er teil. Während meiner Recherchen bedauerte ich, dass ich ihn damals nicht begleitet hatte, ich hätte dort vielleicht vieles erfahren, nach dem ich später in Archiven suchen musste. Er ging nicht noch einmal dorthin, und er sprach nie wieder darüber.
Eines Abends kam ein Anruf aus dem Seniorenheim. »Wir machen uns Sorgen um Ihren Vater. Er ist irgendwo unterwegs. Wissen Sie, wo er sein könnte?« Ich machte mich auf die Suche nach ihm, mitten in der Nacht. In einer Nacht, die ihn verschluckt zu haben schien in seinem Hunger nach Leben. Nach »Noch-da-Sein«, als ihm alles genommen war. Von einigen Kneipen hatte er mir erzählt, in die er ging, um dort mit anderen Männern zu reden. Ich rief in all diesen Lokalen an und fragte nach ihm. Keiner hatte ihn gesehen. Dann kam ein weiterer Anruf. »Ihr Vater ist eben mit einem Taxi gekommen«, teilte man mir mit. »Er ist

ziemlich betrunken. Und er ruft immer nur: ›Elsa, warum hast du mich verlassen?‹ – Wer war Elsa?«, fragte mich die Nachtschwester. »War das Ihre Mutter Elisabeth, die vor kurzem gestorben ist?« Ich bestätigte ihre Vermutung und fragte, wie es ihm nun gehe. »Wir haben ihn ins Bett gebracht«, meinte die Pflegerin, »und ihm gesagt, dass Sie morgen kommen werden.«
Am nächsten Morgen fand ich ihn in einer beinahe trotzigen Verfassung vor. Er teilte mir mit, dass er sich entschlossen habe, eine Reise nach Kanada anzutreten, um Freunde zu treffen, die er und die Mutter dort einige Male besucht hätten. Auf seinem Nachttisch sah ich eine Karte, auf der in großen Lettern geschrieben stand: »ICH WILL!«
Mit seinen vierundachtzig Jahren schien er sich noch einmal aufzuraffen: Er ließ sich Anzüge anfertigen, kaufte sich einen neuen Koffer und organisierte seine Reise allein. Es sollte sein letzter Aufbruch sein. Wofür kämpfte er noch immer? Als ich später herausfand, wie und mit welcher Perspektive er in den nationalsozialistischen Wahnsinn gezogen war, wie stolz er gewesen sein musste, zu den Auserwählten zu gehören – qualifiziert für eine politische Laufbahn als Führungskraft, für etwas Besseres als das, was sein Leben bis dahin ausgemacht hatte –, bekam sein Durchhaltewillen, sein Kampf, sich nicht unterkriegen zu lassen, für mich Transparenz. Was nicht bedeutet, dass ich ihn verstand. Ich hatte ihn eigentlich nie verstanden, und das aus verschiedenen Gründen. Einer davon war, dass er immer in einer für mich unverständlichen Sprache sprach, die mich nie erreichte. Wie er zu dieser Sprache gekommen war, erfuhr ich auch erst später.

Die Reise wurde eine Enttäuschung für ihn. Als er dort angekommen war, fehlte ihm meine Mutter überall. Das Gefühl der Heimatlosigkeit – und darin verstand ich ihn gut – überfiel ihn so stark, dass er vorzeitig zurückkam, dazu mit einer durch den langen Flug hervorgerufenen Thrombose.

Als ich ihn im Krankenhaus besuchte, hing er am Tropf, klein und schwach. »Ich fühle, meine Stunde kommt«, sagte er leise. Für mich klang dieser Satz, wie viele seiner Äußerungen, eher pathetisch, als spräche er nicht selbst. Meine Mutter hatte ihm oft den Vorwurf gemacht, er würde »so geschwollen« daherreden. Auf seine Angst, die ich spürte, konnte ich nicht eingehen. Ich war blockiert. Wohl aber versorgte ich ihn mit allem, was er brauchte, da er nicht konstant im Bett liegen musste. Schöne, weiche Trainingsanzüge und weiße, warme Socken, damit er keine kalten Füße bekam. »Ich wusste ja gar nicht, was für eine gute Tochter ich habe«, sagte er zu dem Mann, der neben ihm im Bett lag. War das ein erstes, kleines Angebot, ein indirektes Zeichen, das er mir geben wollte?

Wir schafften es noch einmal, ihn aus dem Krankenhaus in seine Wohnung zurückzuholen. Meine Tochter und ich, und auch meine Schwester, so oft sie konnte, versuchten die letzten Wochen für ihn so schön wie möglich zu gestalten. Sein Zimmer war immer voller Blumen. Meine Tochter und ich besuchten ihn täglich. Er lag nun in einem Pflegebett. Seine Beschwerden machten es bald unmöglich, ihm körperliche Versorgung, die mit Berührung verbunden war, zu verweigern. Was ich bei der Betreuung der Mutter getan

hatte – waschen, baden, Windeln anlegen –, sollte ich nun auch für ihn tun, er schien es von mir zu erwarten. Ich konnte ihn aber nicht berühren. Mir war, als hörte ich meine Mutter sagen: »Tu es für mich, ich kann es nun nicht mehr«, als er mich in seiner Not bat, ihm beim Wasserlassen zu helfen. Ich gab ihm seine Bettflasche, er konnte es nicht mehr selbst und schaute mich beinahe flehend an. Dass das unser erster menschlicher Kontakt, die erste Berührung sein sollte, schien mir grotesk, doch es gab keine andere Möglichkeit. Ich schlug seine Bettdecke zurück und spürte seine Scham. Es war etwas mühsam, aber ich schaffte es, dass er sich erleichtern konnte. Ich sah Tränen in seinen Augen, und auch ich konnte sie nicht zurückhalten.
Nach diesem Erlebnis, dieser aus einer Not heraus entstandenen menschlichen Begegnung, veränderte sich etwas zwischen uns. Es geschah etwas, das nie zuvor eine Chance gehabt hatte, zwischen ihm und mir. Etwas, das die Fremdheit aufzubrechen schien. Eine erste zarte Vertrautheit, die ich aber zunächst nur bei ihm wahrnahm und von mir weiterhin wegschob. Sie hätte Nähe bedeutet: Nähe zu ihm, Gefühle für ihn. Ich konnte so etwas nicht herstellen, auch nicht in dieser Notsituation. Ihn danach zu besuchen war aber keine so große Belastung mehr. Was uns allerdings wirklich *ent*lastet hätte – miteinander zu reden –, dafür sollte keine Zeit bleiben. Sein Gesundheitszustand verschlechterte sich zunehmend.

23. Februar 1997 – ein Sonntagmorgen. Der Frühling zeigte sich schon zaghaft, Vögel sangen, als ich auf-

wachte. Am Abend vorher hatte ich noch länger an seinem Bett gesessen und ihm versprochen, am nächsten Nachmittag wieder bei ihm zu sein. Es zog mich zu ihm, ich spürte, dass der Tag bevorstand, der, wie er gesagt hatte, seine Stunde kommen ließ. So ging ich gegen 9.30 Uhr zu ihm. Er schien wie vorbereitet, als hätte er mich erwartet. Ich setzte mich auf sein Bett. Er hatte seine Hände über der Brust gefaltet. Plötzlich kam mir seine Hand wie ein ängstlicher, kleiner Vogel entgegen, und er fragte mich: »Hast du mich nicht doch ein bisschen lieb?« Dabei lächelte er zaghaft, als wollte er mich um Entschuldigung für diese Frage bitten. Ich sah ihn an. Sah in seine Augen, die auf mich oft so kalt geschaut hatten. Nun sah ich andere Augen. Weich, mild, voller Erwartung. Die Abforderung schien mich zu lähmen. In eine fast qualvolle Stille hinein antwortete ich ihm beinahe eilig: »Ja, schon.« Ich spürte, es war nicht das, was er hören wollte; fürs Leben wäre es zu wenig gewesen, aber für den Tod musste es reichen.

Meine Tochter, die ich anrief, um ihr mitzuteilen, dass es mit dem Vater zu Ende ging, kam sofort. Sie war mir eine große Hilfe in den Stunden, die dann folgten, als er still im Bett lag und schon, wie mir eine Pflegerin im Seniorenstift sagte, »auf seinem Weg« war, den er nun allein gehen müsse. »Denn der Mensch kommt allein auf diese Welt, und er geht auch allein aus dieser Welt«, sagte sie. Allein ist er nicht, dachte ich, denn seine Enkelin, die er über alles geliebt und für die er so viel getan hatte, sie und ich waren bei ihm. Ab und zu kam es wie ein großes Seufzen aus ihm. Seine Atemzüge verlangsamten sich, doch immer wieder, als ich schon meinte, nun sei es vorbei, holte er tief Luft. Dann schien er plötzlich noch einmal ganz wach. »Ich will keine Rede an meinem Grab, keine Musik, keinen Pfarrer, der etwas von mir erzählt«, sagte er leise. »Versprich es mir.« Das tat ich, obwohl ich nicht wusste, worüber der Pfarrer nichts hätte sagen sollen. Zehn Stunden waren vergangen, in denen er seinen letzten Kampf führte, als er leise zu mir sagte: »Es wird der Tag kommen, an dem der Mensch wieder zum Menschen findet.« Dann war es still.

Ich nahm seine Hand und hörte mich sagen: »Kleiner Werner, gut gemacht.« Ich weiß nicht, warum ich das sagte.

Dann klingelte ich nach der Pflegerin. Seine Augen mussten wir nicht schließen, auch das hatte er mit dem letzten Atemzug selbst getan. Wir befreiten ihn von dem Katheter, diesem von ihm als so unwürdig empfundenen, wenn auch notwendigen Instrument, das ihn in eine Hilflosigkeit gebracht hatte, in der *Haltung bewahren* nicht mehr möglich gewesen war. Sein lebenslanger Kampf war vorüber.

»Es wird der Tag kommen, an dem der Mensch wieder zum Menschen findet.« Welche Botschaft wollte er mir mit seinen letzten Worten hinterlassen?

Meine Schwester kam, um mit meiner Tochter und mir die Trauerfeier vorzubereiten. Wir taten es so, wie er es kurz vor seinem Tod gewünscht hatte. So trafen wir uns mit dem Pfarrer in einer Kapelle des Friedhofs: ohne Musik, ohne eine Rede über ihn. Keine leichte Aufgabe für den Pfarrer. Er tat sein Bestes. Einige Sprüche aus der Bibel las er vor, dann verabschiedete er sich

eilig. Er hatte einen Termin. »Das Leben«, sagte er, »geht eben weiter.«
Danach saßen wir noch eine Weile in der Kapelle, in der Stille. Ich schaute auf den Sarg. Was hätte der Vater wohl zu den vielen Bibelsprüchen gesagt? Mir fiel ein, dass er nie über seine Einstellung zur Religion gesprochen hatte. Einmal, als ich noch ein Kind war, hatte er mich sonntags in die Kirche begleitet und war zum Altar gegangen, um sich die Hostie, die Heilige Kommunion zu holen. Ich war sehr erstaunt, das zu sehen, denn um die Heilige Kommunion zu erhalten, musste man vorher zur Beichte gehen. So fragte ich ihn später zu Hause: »Warst du denn beichten?« Der Vater lachte: »Das mache ich mit *meinem* Gott schon selber ab.« Damals dachte ich: Der Vater hat wohl seinen eigenen Gott, wohl einen anderen als den, zu dem ich beten gelernt hatte. Wie stand es doch im Katechismus: Du sollst Vater und Mutter ehren? Und wie war das damals, als ich dem Pfarrer im Beichtstuhl sagte, ich hätte gegen dieses Gebot verstoßen? Der hörte gar nicht zu, fragte nicht nach und meinte nur: »Geh heim und bete drei Vaterunser und drei ›Gegrüßet seist du, Maria‹.« Dann schickte er mich wieder zurück in mein Elternhaus, in dem ich gegen das Gebot verstoßen hatte. In meine kleine Kinderwelt, in der ich niemandem erzählen konnte, was mir dort geschah. Durch ihn, den ich ehren und lieben sollte und der mich zurückstieß, mir immer wieder Böses antat. Das Böse, das er als »das Beste« für mich ansah, wie er oft betonte. »Wer nicht gehorchen lernt, wird auch nie befehlen können«, schrie er mich manchmal an. Und wenn ich wagte zu

sagen: »Befehlen will ich gar nicht«, wurde er immer so fremd. So unheimlich, unerreichbar, dass ich fror.
Solche Gedanken holten mich ein in der Stille der Kapelle. Von Trauer um den Menschen, der doch trotz allem »der Vater« gewesen war, spürte ich nichts. Ich fühlte mich nur schrecklich, weil ich nichts empfand. Und ich erinnerte mich an den Film »A Chorus Line«, den ich einmal zusammen mit meiner Tochter angeschaut hatte. In einer Szene schildert die junge Schauspielschülerin Morales, wie es ihr an der Schule erging, wo sie sich ihren beruflichen Traum erfüllen wollte. Dafür gab sie alles. Das sei nicht genug, signalisierte ihr der Lehrer, der ihr jegliche Anerkennung verweigerte. Sie habe kein Talent, sie sei ein Nichts, ein »Nothing«, niemals würde etwas aus ihr werden. Als sie hörte, dass dieser Lehrer tot sei, sang sie: »Und ich, ich fühlte nichts für ihn. I felt nothing.« In Gegenwart meiner Tochter weinte ich mit ihr, der Morales, obwohl ich damals noch nicht wissen konnte, woher meine Tränen kamen. Ebenso wenig wie meine Tochter. Später erzählte ich es ihr. Dass auch der Vater immer, wenn ich seinen Befehlen nicht gehorchen wollte, schrie: »Aus dir wird nie etwas werden.« Wie traurig und mutlos mich das damals oft machte, besonders weil ich nie verstand, warum er mich so demütigte.
Nach der Trauerfeier ging es darum, die kleine Wohnung aufzulösen, in der der Vater nach dem Tod der Mutter gelebt hatte. Im Nachttisch entdeckte ich zahlreiche Psychopharmaka. »Die gebe ich ihm immer, wenn er diese Zustände hat«, hatte die Mutter früher gesagt. In solchen »Zuständen« war er damals offenbar

nicht mehr so aggressiv wie in früheren Jahren gewesen, sondern eher verschlossen, in sich zurückgezogen. Hatten sie auch über die Gründe dieser Zustände gesprochen? Oder waren Gespräche nicht zustande gekommen, weil die Mutter ja von »der Sache« nichts mehr hatte wissen wollen?

Schon beim Umzug der Eltern von Berlin nach Hamburg hatten wir Bücher entsorgt, für die keiner Verwendung zu haben schien, zum Beispiel »Soldaten fallen vom Himmel«, »Macht und Geheimnis der Jesuiten« und »Narvik«. Später, als ich an diesem Buch arbeitete, hätte ich sie gut gebrauchen können.

Im persönlichen Nachlass des Vaters gab es sicherlich einige Dinge, die für ihn wichtig gewesen sein dürften, aber für meine Schwester und mich keine Bedeutung hatten. In seiner Wohnung, in der wir nun waren, um sie schnell auszuräumen, weil dort bereits ein neuer Bewohner einziehen wollte, gab es wieder keine Zeit der emotionalen Annäherung an den Vater. Alles wurde eben eilig entfernt aus dieser kleinen Wohnung, in der es zwischen ihm und mir, kurz bevor er starb, erstmals zu einer vorsichtigen Nähe gekommen war, die mich auf den Weg bringen sollte, den Menschen in meinem Vater zu suchen. Es kam mir vor, als konnte ich mich nicht endgültig von ihm verabschieden, weil ich ihm im Grunde nie wirklich begegnet war.

Ich meine mich zu erinnern, dass ich in der Stille seiner kleinen Wohnung so etwas wie Scheu fühlte, wie beim Betreten eines fremden Raums. Das Berühren von zurückgebliebenen Dingen, die offenbar Erinnerungsstücke aus dem Leben der Eltern waren, fiel mir schwer,

sie zu entsorgen, noch schwerer. Aber etwas gab es doch, das ich behalten wollte, die Nachtischteller aus Bleikristall zum Beispiel, von denen wir als Kinder Schokoladenpudding gegessen hatten. Auch den kleinen Krug für die Vanillesauce bewahrte ich auf. In den wenigen Fotoalben gab es Seiten mit Klebeecken, aus denen Fotos entfernt worden waren. Welche Bilder hatten früher die jetzt leeren Flächen bedeckt? Von welchem Teil meiner – unserer – Familiengeschichte hatten sie erzählt? Wohin waren sie verschwunden?
Es gab eine Bescheinigung über ein Entnazifizierungsverfahren und ein Arbeitsbuch des Vaters, das 1934 abbrach und erst 1947 weitergeführt wurde. Was war in den Jahren dazwischen geschehen? Ein Ahnenpass, der gleichzeitig auch als Ariernachweis diente, war sorgfältig mit einem Füllfederhalter ausgefüllt und wie ein Leporello zusammengefaltet worden. In einem Bierseidel, der die Aufschrift »Berchtesgaden« trug, entdeckte ich seine Orden. Diese Tapferkeitsauszeichnungen, von denen nach »der Sache« niemand mehr etwas hören und wissen wollte. Er hatte sich nie von ihnen trennen können. Mir fiel ein, dass er mir einmal von einem Formular erzählt hatte, das ihm nach 1950 zugeschickt worden war. Es habe ihm eine Invalidenrente wegen seiner vier Verwundungen avisiert. »Ich habe es quer durchgestrichen und darunter geschrieben: ›Nicht für mich – es war fürs Vaterland‹, dann habe ich es zurückgeschickt.«
Der Termin für den endgültigen Abschied, die Urnenbeisetzung, rückte näher. Meine Tochter packte seine Orden in einen kleinen Karton, den sie in Seidenpapier

einschlug. »Wir sollten sie ihm mitgeben«, meinte sie, »sie waren ihm doch immer so wichtig.« – Wofür hatte er sie bekommen? Außer den vier Verwundungen wusste ich wenig über seine Einsätze im Krieg. Der Lungensteckschuss stammte aus Italien, wie er mir, als ich etwa sieben Jahre alt war, erzählt hatte. »Wir konnten den Stützpunkt nicht mehr halten, und ich sollte mit einer weißen Fahne raus aus dem Graben. Ein Kamerad sagte, Werner, du hast doch zwei kleine Kinder. Du bleibst hier, lass mich gehen. Dann ging er, wir sahen ihn nicht wieder. Die Partisanen hatten ihn erschossen. Aus dem Hinterhalt, diese feigen Schweine. So musste ich doch los, mit der weißen Fahne. Das hieß doch, dass wir uns ergeben hatten, Kind. Und dann erwischten sie mich auch. Sie knallten mich ab, meuchlings, also in den Rücken. Aber ich hatte noch Glück, denn meine Kameraden zogen mich aus der Schusslinie. Ich kam in ein Lazarett, und so überlebte ich diese feige Tat.«

Damals hatte er mir die Narbe gezeigt und auch erzählt, dass er dort nicht operiert werden konnte, weil es in diesem Lazarett keine Ärzte gab, die die Kugel aus der Lunge hätten entfernen können. So blieb sie eben drin. Wo war das in Italien? Ich konnte es meiner Tochter damals noch nicht sagen, wo. Später fand ich heraus, dass er zu den Fallschirmjägern gehörte, die im September 1943 den auf dem Gran Sasso (Abruzzen) internierten »Duce« Benito Mussolini befreiten.

Auch woher er die zwei Verwundungen an der Hand und den zerschossenen Fuß hatte, wusste ich nicht. Als ich klein war, bat er mich oft darum, diesen Fuß zu

massieren. Ich kam dieser Bitte nicht gern nach, denn ihm etwas Gutes zu tun hätte vorausgesetzt, dass auch er mir Gutes tat.
Daran dachte ich, während meine Tochter liebevoll die Orden ihres Großvaters einpackte. Ich erzählte ihr nicht, was damals zwischen ihm und mir geschah. Es waren zu dieser Zeit auch noch zu diffuse Erinnerungen, die erst später, als ich den Entschluss fasste, dieses Buch zu schreiben, wieder in mir hochkommen sollten, als lägen die Erlebnisse erst kurze Zeit zurück. Aber von Kreta wusste ich schon etwas. Hatte ich das meiner Tochter irgendwann einmal erzählt? Jedenfalls sagte sie: »Das Kretaband und den Kompass, den er damals dabeihatte, möchte ich behalten.« So geschah es. Am nächsten Tag versenkten wir zunächst das kleine Kästchen mit den Orden und darauf seine Urne. Meine Tochter legte tröstend den Arm um mich. Sie weinte um ihren Opi, der ihr viel Liebe und Zuwendung gegeben hatte. Ich weinte auch, aber eher, weil mir genau diese Liebe vorenthalten worden war. So standen wir noch eine Weile am Grab. Dann meinte meine Tochter, die drei Jahre vorher die Beerdigung ihrer Großeltern väterlicherseits und nun auch den Abschied meiner Eltern, also vier Beerdigungen hintereinander miterlebt hatte: »Nun ist aber mit dem Sterben erst mal Schluss.« Ein Satz, der aus ihrem Mund – sie war damals dreiundzwanzig Jahre alt – wie erlösend klang. Hatte nicht auch der Pfarrer bei der Trauerfeier des Vaters gesagt, als er zum nächsten Termin, einer Taufe, eilen musste: »Das Leben geht eben weiter«? Das schien auch mir angesagt. Aber es sollte nicht ge-

hen, ohne noch einmal den Weg in die Vergangenheit anzutreten.

»Es wird der Tag kommen, an dem der Mensch wieder zum Menschen findet.« Dieser Satz ließ doch so etwas wie Trauer entstehen um den Vater, wie ich ihn kurz vor seinem Tod erlebt hatte. Nicht aber um den anderen, dem ich über vierzig Jahre lang aus dem Weg gegangen war.

5

Meine Mutter war nun schon anderthalb Jahre tot, der Vater fünf Monate. Anfangs ging ich oft zum Friedhof. Es zog mich zu meiner Mutter. Aber nur sie zu besuchen, um mich an sie zu wenden, war nicht mehr möglich. Denn nun war er auch dort. In der Stille, die mich umgab, wenn ich am Grab stand, spürte ich eine Unruhe, die ich mir nicht erklären konnte. Es war wie eine schleichende Bedrohung. Das Herzklopfen in der Nacht, die Kopfschmerzen, die mich seit der späten Nähe zu ihm immer wieder überfielen, hörten nicht auf. Mir wurde klar, hier auf dem Friedhof konnte ich keine Antwort finden. Hier war zwar Stille – aber auch wieder nur Schweigen. Ein Schweigen, das lange genug auf mir gelastet hatte. Wodurch fühlte ich mich bedroht? Was waren das für Albträume, diffuse Ängste?
Im Juli 1997 entschloss ich mich, nach Berlin zu fahren, das Haus noch einmal zu betreten, in dem der immer wiederkehrende Angsttraum stattfand. Konnte das Haus, in dem ich als Kind gelebt hatte, eine Erklärung geben?
Schon als ich in einem Taxi durch die Straße fuhr, in der das Haus steht, hatte ich das Gefühl, dass mir etwas den Hals zuschnürte. Ich kurbelte das Fenster herunter

und versuchte, tief Luft zu holen. Ein Bild kam hoch, wie ich, sieben Jahre alt, mit dem Schulranzen auf dem Rücken diese Straße entlang hetzte: Nur nach Hause! So schnell es ging, so schnell, wie er es befohlen hatte. Da stand der Vater und kontrollierte die Zeit, die er mir zur Verfügung gestellt hatte, um nach Hause zu kommen, und wenn ich mich verspätete, musste ich gleich in dem Zimmer verschwinden. Meinem kleinen Zimmer, in das er mich, oft unter Stubenarrest, verbannte, weil ich wieder einmal nicht gehorcht hatte. In jenem Fall, ich war einige Minuten zu spät, hieß es: »Du wirst schon lernen, was es heißt, pünktlich zu sein. Antreten zum Appell!« Dann ging es los: Mantel anziehen, zuknöpfen, Ranzen auf den Rücken, raus aus der Tür, leise schließen, vier Treppen rauf, vier Treppen runter, leise rein in die Tür, Ranzen auf den Haken, Mantel aufknöpfen, auf den Bügel, an den Haken. Dann wieder: Mantel anziehen, zuknöpfen, Ranzen auf den Rücken, Tür leise schließen, vier Treppen rauf, vier Treppen runter, leise rein in die Tür. Ranzen auf den Haken, Mantel aufknöpfen, auf den Bügel und an den Kleiderhaken. Das ging so, wie ich mich zu erinnern meinte, endlos. Völlig erschöpft und atemlos hörte ich ihn sagen: »Na also, geht doch. Und nun: Ab.« »Ab« hieß wieder zurück in das kleine Zimmer.

Wie hatte ich die Zeit einhalten können, dachte ich im Taxi, denn eine Armbanduhr hatte ich damals nicht. Und ich meinte ihn zu hören: »Wenn du aus der Schule kommst, immer im Sturmschritt, Marsch. Dann schaffst du es schon. Pünktlichkeit ist eines Mannes Zier.« – Was »Zier« hieß, verstand ich nicht. Und auch nicht die

Befehle und Abforderungen, denen er mich mit aller Härte unterzog. Sie führten dazu, dass ich mich meist vor ihm fürchtete – und mich deshalb mehr und mehr von ihm entfernte. Von ihm, dem Vater, der mich oft so traurig machte und dem ich diese Enttäuschung niemals zeigte. Wie mutlos er mich machte, wenn sein Unmut, seine Wut mich bedrohten, weil ich nicht in der Spur lief, auf die er mich setzen wollte, um aus mir wieder so ein gutes, folgsames, ordentliches deutsches Kind zu machen. Und wenn ich nicht spurte, dann setzte es was.

Die Mutter war oft verzweifelt, wenn ich nicht gehorchte. Zumindest hätte meine Fügsamkeit Ruhe bedeutet, eine trügerische Ruhe allerdings. »Ihr seid eben zwei Dickköpfe«, sagte sie oft. Im Grunde war es aber so, dass ich mein Recht forderte auf einen eigenen Kopf, auf *mein* Denken, während sein Kopf noch immer besetzt war von einer Ideologie, die kein eigenes Denken erlaubte.

Wie klein die beiden Steine vor dem Haus sind, dachte ich, als ich aus dem Taxi gestiegen war. Diese zwei Steine, die mir damals so groß erschienen. Groß genug, um dahinter Schutz zu suchen, wenigstens für einige Minuten, bevor ich wieder zu ihm hinaufgehen musste, immer in der Hoffnung, dass er, der Vater, nicht allein dort oben auf mich lauerte, sondern dass meine Mutter auch zu Hause war. Aber sie war oft nicht da, denn sie arbeitete als Krankenschwester in einem nahe gelegenen Krankenhaus. Und wenn sie nach Hause kam, war sie erschöpft und müde. Dann hieß es: Leise sein, immer leise … Ich erzählte ihr nicht, was während ihrer

Abwesenheit geschehen war. Wie der Vater mich oft herumkommandierte, mir Aufgaben befahl, die mir unsinnig vorkamen, und mich ohrfeigte, wenn ich nicht gehorchte.
Ich betrat das Haus, ging die weiße Marmortreppe hoch in den ersten Stock. Da war diese Treppenstufe, unter der ich mich in den Träumen immer ganz klein machte. Ich setzte mich und schaute auf den Türrahmen. Mir wurde kalt, und ich fühlte, wie ein Druck in meinem Hals entstand, als wollte ich etwas sagen, was ich nicht sagen durfte. Ich wollte nur schnell hinaus auf die Straße, als ein weiteres Bild in mir hochstieg. Der Blick aus einem Fenster. Dem Fenster meines kleinen Zimmers. Es führte zu einem Hinterhof. Dort stand eine Tanne. In der Tanne nisteten Tauben und zogen jedes Jahr ihre Jungen auf. Wie oft hatte ich mich danach gesehnt, bei den kleinen Tauben im Nest zu sein. Sie schienen es besser zu haben als ich. In einer Freiheit, die ich mir so sehr wünschte. Ich ging durch eine Seitentür des Hauses einen mit kleinen Steinen gepflasterten, dunklen Flur entlang, der in diesen Hinterhof führte. Dort stand die Tanne. Ich hörte das Gurren. Noch immer nisteten Tauben in dem Baum. Fast beruhigte es mich, dass sie es auch heute noch taten. Aber die Unruhe, in der ich damals war, fing an, in mir zu klopfen, legte sich wie ein Stein auf meine Brust, schnürte in mir etwas ab, das ich nicht einordnen konnte.
Plötzlich schob sich in den großen, schwarzen Schatten das Bild des schwachen, ängstlichen Vaters im Pflegebett. Als er so verletzlich auf mich geschaut hatte, bedürftig, wie ich ihn nie kennen gelernt hatte. Seine letz-

ten Worte, sein letzter Satz: »Es wird der Tag kommen, an dem der Mensch wieder zum Menschen findet.« Mir wurde klar, wie wenig ich von den Hintergründen der Feindschaft wusste, in der wir uns beinahe lebenslang gegenübergestanden hatten. Ich hatte nichts davon wissen *wollen*. Vor allem hatte ich mir nicht eingestehen wollen, dass ich durch diese Kindheit unfähig geworden war, Bedürftigkeit zuzulassen. Solche Empfindungen waren nicht erlaubt. Alles um mich herum war verschlossen. Als kleines Mädchen hatte ich mich wie in einem Labyrinth gefühlt. Es war so viele Jahre her. Jetzt saß ich in diesem Hinterhof. Ziemlich durcheinander, siebenundfünfzig Jahre alt, mit dem alten kindlichen Gefühl der Minderwertigkeit und Kleinheit. Ich sah auf das Gartenhaus, wie wir es damals genannt hatten. Dort wohnte früher Erika, erinnerte ich mich. Sie war achtzehn Jahre alt. Ein »Ami-Liebchen«, wie der Vater sagte, die sogar mit Negern gehe. »So etwas macht ein deutsches Mädchen nicht.«

Die Amis, Erikas Freunde, gaben uns Kindern Schokolade und Kaugummis. Sie hatten diese feinen Sachen immer in den Uniformtaschen. Ich mochte Erika und auch ihre Freunde, ich nahm auch gern die Süßigkeiten, aber erzählen durfte ich davon nichts. Als Erika dann Johnny, »diesen Neger«, mitbrachte, sprach der Vater von einem »sehr klugen Mann«, der Mendel[10] hieß. Der habe sogar ein Buch darüber geschrieben, dass Rassen sich nicht vermischen dürften. Weiß gehöre zu Weiß, Schwarz zu Schwarz, sonst gebe es nie eine Ordnung. Kaninchen, die rote Augen hätten, sollten sich nur mit rotäugigen Kaninchen vermehren.

Ich verstand nicht, was er meinte. *Mein* Kaninchen auf dem Balkon, für das ich jeden Tag Futter aus den Ruinen holen musste, hatte keine roten Augen.
Eines Tages hatte er Mucki in der Küche an den Hinterläufen aufgehängt und ihm das Fell abgezogen. Blutig und nackt hing das Tier da, als ich aus der Schule kam. Später erzählte er oft lachend, ich hätte ihn angeschrien: »Das hast *du* getan?« Er hatte damals gesagt (in »diesen schweren Zeiten«, wie ich es als Kind oft hörte): »Wenn es erst auf dem Teller liegt, wirst du schon essen.« Aber ich aß nichts an diesem Tag.
Erikas Freund, der so schöne braune Augen hatte, keine roten wie die Kaninchen, nahm Erika mit nach Amerika. Eines Tages war sie weg. Es gab keinen Kaugummi mehr und keine Schokolade, und mein Kaninchen war auch tot. Ich dachte damals, in Amerika, da ist sicher alles gut, und ich wünschte, sie hätten mich mitgenommen. Der Vater sagte: »Gut, dass das Ami-Flittchen weg ist mit diesem Neger. Eine Schande war das für unser Haus.«
Ich sah zu dem Fenster hoch, aus dem ich oft sehnsüchtig auf die Tauben geschaut hatte. Ich kam mir vor wie in einem Film, der zurückspulte.
Was war damals in diesem Zimmer? In diesem kleinen Raum, dessen Wände (Tapeten gab es keine) die rosa Farbe, die direkt auf das Mauerwerk gerollt wurde, nicht aufsaugen konnten. Die Mauern hatten Risse, in denen die Farbe sich Wege suchte, bevor sie trocknete. So uneben, wie der Anstrich war, bot er mir viele Möglichkeiten für Fantasien. Für Bilder und kleine Fluchten in jener Zeit, in der Weglaufen nicht möglich war.

Pferde sehnte ich mir damals herbei aus dem Farbanstrich. Reiter / Retter, die mich herausholen sollten aus dieser Enge, aus der Not. Schutzengel rief ich auch oft an, und immer wieder betete ich zur Mutter Maria, denn an einer Wand gegenüber meinem Bett, in dem ich mich oft versteckte vor dem Vater, hing ein Druck der Sixtinischen Madonna. Sie hielt ihr Kind, das Jesuskind, im Arm und beschützte es. So einen Schutz erflehte ich oft und bekam ihn nie. Schutz vor seinen harten Schritten, die mich in Angst versetzten, wenn ich sie auf dem Flur hörte. Denn dann kam er wieder, um mich herauszuholen und all die Dinge von mir zu fordern, die ich nie verstand und nie tun wollte, aber tun musste, es gab keinen Ausweg. Hatte ich damals geweint in diesem Zimmer?, fragte ich mich. Wie im Echo hörte ich ihn schreien: »Hände auf den Rücken und heul nicht.« Ich spürte einen Kloß in meinem Hals. Zum ersten Mal meldete sich auch Wut. Ich wollte zurückschreien: »Was hast du mir damals angetan? Warum?«

Eine Frau trat auf den Hinterhof und grüßte mich freundlich. Sie trug einen Mülleimer in der Hand, den sie offenbar entleeren wollte. Wie ein Schrecken befiel mich eine Erinnerung, eine Situation, in der ich ungefähr acht Jahre alt gewesen war. Der Vater warf mir damals vor, ich hätte gegen die von ihm diktierte »Hausordnung« verstoßen, die er für notwendig hielt, um »diesen Weiberhaushalt auf Zack zu bringen«. Punkt drei dieser Hausordnung lautete: »Der Mülleimer ist morgens zu entleeren und sauber ausgewaschen auf seinen Platz zu stellen.« Ich war spät dran an jenem

Morgen und hatte ihn schnell hinuntergetragen, entleert und zurückgebracht, ohne ihn auszuwaschen, da er mir nicht so schmutzig vorkam. Als ich von der Schule nach Hause kam, in Eile wie immer, um ja pünktlich zu sein, fiel er schon an der Wohnungstür über mich her. Die Hausordnung sei nicht eingehalten worden. »Ein deutsches Kind ist ein sauberes Kind«, schrie er. Es hieß: Antreten zum Appell. In diesem Fall: den Mülleimer mit einer Seifenlauge und einer Handbürste säubern. Innen und außen. »So sauber, dass man daraus trinken kann«, befahl er, »und zwar zack, zack!« Tatsächlich wagte ich noch zu erwidern, dass man zum Trinken doch eine Tasse oder ein Glas nehmen könne, wofür es eine zusätzliche Ohrfeige gab, die mich »auf Trab« bringen sollte. Als ich fertig war, in antrainiert kurzer Zeit, und den Mülleimer zurückstellte – so sauber, dass man daraus hätte trinken können –, inspizierte er ihn. »Na bitte, geht doch«, war sein Kommentar. »Und nun ab in dein Zimmer. Da kannst du noch einmal in Ruhe darüber nachdenken, wie du dir das hättest ersparen können.«
Nach diesem Mülleimertrauma, so meinte ich mich zu erinnern, war zwischen uns bald alles im Eimer. Und der Deckel ging zu, der sich nie mehr öffnen sollte.
In diese Erinnerungen schob sich wieder das Bild des anderen Vaters, des alten, milden Mannes, als er mich kurz vor seinem Tod beinahe ängstlich fragte: »Hast du mich nicht doch ein bisschen lieb?« Es schien nichts zusammenzupassen. Hier, im Hinterhof dieses Hauses, konnte ich auch keine Antworten auf die Fragen finden, die wieder, wie in Bruchstücken, schmerzlich in

mir aufstiegen. Fragen zu jener Zeit zwischen meinem sechsten und zwölften Lebensjahr, in der ich ihm, wie ich heute meine sagen zu können, ausgeliefert war: hilflos, abhängig und ohne Chance, der Not zu entkommen. Er wollte mich »kleinkriegen«. Was geschah damals noch alles? Wie war er dazu fähig gewesen, mir dieses Leid anzutun? Hatte er *das* aus dem Krieg mit nach Hause gebracht? Hatte er *das* bei den Nazis gelernt?

Wie auf der Flucht verließ ich den Hinterhof und dieses Schattenhaus. Ich suchte nach einem Taxi, um zum Bahnhof Zoo zu fahren und den nächsten Zug nach Hamburg zu nehmen. Mir fiel ein, was meine Ärztin mir geraten hatte: »Du brauchst Hilfe. Das schaffst du nicht allein.« Ich sah ein, dass sie Recht hatte.

Nach meiner Rückkehr machte ich einen Termin mit dem Therapeuten, den sie mir empfohlen hatte.

6

Ich begegnete Dr. Flüsmeier zum ersten Mal in einem Zimmer, in dem eine Kommode mit zwölf Schubladen stand. Etwas hilflos sagte ich zu ihm: »Ich bin wie diese Kommode. In jeder Schublade ist ein Stück von mir. Bitte helfen Sie mir, mich zusammenzusetzen.« Wie ich heute weiß, ist es nicht selbstverständlich, einen Therapeuten zu finden, bei dem es möglich ist, sich anzuvertrauen. Sich zu öffnen und ohne Angst und Scham preiszugeben, was man lange Zeit (und verdrängt) mit sich herumgeschleppt hat.

Dr. Flüsmeier war für mich von Anfang an – ich weiß nicht, wieso – wie ein Bruder. Einen Bruder hatte ich nie gehabt. Hatte ich vielleicht immer einen gesucht? Einen, der mich damals beschützt hätte? Dem ich alles, *das alles* hätte sagen können, um damit nicht allein zu sein? Ich meine, ich erzählte ihm von meinem »Bruder im Geist«, Mark Aurel, von dessen Buch »Selbstbetrachtungen«[11] und seinem Spruch »Stolz und aufrecht sollst du gehen, ohne Krücke«.

Damit hatte ich immer wieder versucht, mir selbst zu helfen, wenn mich ein seltsames Gefühl von Verlassenheit überkam, diese Art Heimatlosigkeit, die ich mir nicht erklären konnte.

Hatte ich niemals Hilfe? Schließlich gab es doch auch damals schon meine Schwester. Sie ist drei Jahre älter als ich. Hatte ich diese Not mit ihr geteilt? An eine Art heimliche Solidarität gegen den Vater erinnerte ich mich, aber – Schutz? Wie hätte sie ihn mir geben können? Sie war ja selbst noch ein Kind und, so meine ich oft von ihm gehört zu haben, immer so blass, so schwächlich. Das hielt ihn offenbar davon ab, von ihr zu verlangen, was er mir abforderte. Denn dort gab es nichts zu brechen – keinen Widerstand, kein Aufbegehren. Sie war leise, wenn auch in ihrer Beobachtung alert und ebenfalls bedroht, wie ich später von ihr hörte, als ich mich mit ihr, auf der Suche nach ihm, über unsere Kindheitserinnerungen auszutauschen begann. Mir war zunächst fremd, was ich von ihr hörte. Später, als ich aus dem Nebel kam, lernte ich auch sie zu verstehen. Ich hatte in mir meist das Gefühl herumgetragen, dass es ihr besser ergangen war als mir. Mit *ihm*. Dass sie immer seine Lieblingstochter war und ohne Anstrengung alles bekam, was ich mir auch gewünscht hätte. »Du musst dem Vati Honig um den Bart schmieren«, hatte Mutter oft gesagt, »dann bekommst du *auch* etwas.« Das aber wollte ich nicht. Vor allem wollte ich nicht machen, was ich machen *sollte*, und deshalb bekam ich eben auch nichts von ihm. Sie, in meiner Erinnerung, schon. Meine Schwester meinte, sie sei bei unserer Mutter zu kurz gekommen, ich hätte es besser bei ihr gehabt: »Die Mutti wurde plötzlich so dick. Als ich sie fragte, warum sie so dick wäre, sagte sie, sie hätte zu viele Klöße gegessen – und dann warst du plötzlich da. Du warst immer auf dem Schoß von Mutti. Und sie kuschelte mit dir. Sie nahm dich sogar mit in ihr Bett. Ich aber hatte niemanden, denn Vati war ja im Krieg. Und ich dachte, wenn er zurückkommt, dann ist *er* für *mich*.«

Sie erzählte mir, dass sie zweimal »verschickt« worden war. Die Kinderlandverschickung unterstand, wie ich später im »Lexikon Nationalsozialismus«[12] las, der NSV, der Nationalsozialistischen Volkswohlfahrt. »Gesundheitsgefährdete Stadtkinder wurden zur Erholung in ländliche Gebiete verschickt.« Natürlich wurden nur »rassisch wertvolle, erbgesunde Familien« von der NSV unterstützt. »Von 1940 bis 1944 wurden insgesamt etwa 850000 Jungen und Mädchen im Alter zwischen zehn und vierzehn Jahren verschickt; etwa die gleiche Anzahl Kinder im Alter von sechs bis zehn Jahren wurde in Pflegefamilien untergebracht.« Zu diesen Kindern gehörte meine Schwester, die sich allerdings *weggeschickt* fühlte. Sie erzählte, sie habe sich dort (zuerst in der Slowakei, später in Bad Reichenhall) nur nach Hause gesehnt, aber das konnte sie ja der Mutter nicht schreiben, klein, wie sie war. Sie war dort in der fremden Umgebung sehr unglücklich, fühlte sich einsam und abgeschoben.

Hatte sie mir deshalb eines Tages gesagt (1944, sie etwa sieben, ich knapp vier Jahre alt), dass ich gar nicht das wirkliche Kind unserer Eltern sei? Dass man mich irgendwo gefunden habe? War es Rivalität zwischen zwei kleinen Mädchen? Eifersucht auf die Liebe der Mutter, von der sie sich ausgeschlossen fühlte? Der Vater war ja noch nicht da, noch im Krieg. Mir kam diese Erinnerung in der Therapie, auch daran, dass es dann ein »Donnerwetter« gab, als ich es Mutter erzählte. Als ich mit meiner Schwester darüber sprach, konnte sie sich zu meiner Verwunderung nicht an diesen Vorfall erinnern. Erinnerungen sind eben immer subjektiv.

Meine Suche nach dem Lebensweg des Vaters mit all den Anträgen, die ich später dafür stellte, führte auch immer zu Gesprächen mit ihr über unsere gemeinsame Vergangenheit. Als ich spürte, wie meine Fragen, meine Unsicherheit und meine Angst auch bei ihr Betroffenheit hervorriefen, kamen wir überein, uns bei nächster Gelegenheit ausführlicher über das Unausgesprochene in unserer Familie auszutauschen. Nun, da wir übrig geblieben waren aus jener Zeit, in die wir hineingeboren wurden und die wir mit den Eltern mitgehen mussten. Mit unseren noch jungen Eltern (der Vater dreiunddreißig, die Mutter einunddreißig Jahre alt). Durch eine Zeit, in der sie oft an den Grenzen ihrer Belastbarkeit waren, um die Familie durchzubringen.

Wir hungerten nie, da der Vater und die Mutter alles für unser Überleben taten, und das machten sie gut. Aber wir wurden emotional nie satt. Anerkennung, Liebe und Zärtlichkeit gab es nicht. War damals dafür keine Zeit? Etwas beunruhigte mich bei den ersten Gesprächen mit meiner Schwester, als sie sagte: »Ich habe dich oft bewundert, wie mutig du warst und dich gegen ihn aufgestellt hast.«

Ich erzählte meiner Schwester von einem Artikel, den ich im April 2001 im »Hamburger Abendblatt« gelesen hatte, geschrieben von einer Frau, die sich ebenfalls auf die Suche nach ihrem ihr in den Kinderjahren immer so fremden, lieblosen Vater gemacht hatte. Sie hatte in vielen Archiven geforscht, bis sie die Antwort bekam, dass ihr Vater ein Kriegsverbrecher gewesen war. (Ein Foto zeigte sie als kleines Mädchen auf dem Arm eines Mannes in Uniform. Eines Befehlshabers der SS. Mit dem Totenkopf auf der Mütze.) Sie schilderte, dass sie später nie einem Mann vertrauen konnte. Erst jetzt, mit ihrem dreiundsechzigjährigen Partner, hatte sie einen Platz für sich gefunden. Der Satz »Die Scham war immer über mir, wie eine Dunstglocke« stand in diesem Artikel. Was mich aber am meisten berührt hatte, war die letzte Frage, die der Frau, wie sie schrieb, niemand, auch kein Archiv, hatte beantworten können: »Warum hast du mich nie geliebt?«

Ich machte mir weiter Aufzeichnungen über meine Therapiegespräche. Schritt für Schritt kam ich aus dem Dunkel. Zum Beispiel wurde mir klar, dass mich die Anspannung, die jetzt aufzubrechen schien, in meinem Leben, meinen beiden Ehen und anderen Begegnungen mit Männern oft zu unverständlichem Handeln geführt hatte. Zu Überreaktionen und immer neuem Rückzug, wenn ich wieder in Situationen kam, in denen mir etwas abverlangt wurde, das mit mir nichts zu tun hatte. Eben wie damals »Hände auf den Rücken und nicht heulen«? Nie mehr. Dann doch lieber schnell weg. *Das* nicht noch einmal. Obwohl mir nicht klar war, was *das* eigentlich war. Ich wusste nicht, welche Ursache diese Fluchten hatten, wie ich sie heute nenne. Wie ich in der Therapie lernte, kamen sie aus einer nicht erkannten Enttäuschung, durch die ich damals gehen musste, und meinem offenbar festen Vorsatz: Nie wieder wollte ich von einem Mann etwas hinnehmen müssen, der mich

»behandelt«. Lieber wollte ich dafür sorgen, dass ich selbst zurechtkam. So, wie Mark Aurel geschrieben hatte: »Stolz und aufrecht sollst du gehen, ohne Krücke.«

Aber dass ich mich so an Mark Aurel festhielt, gab mir keine Antwort auf die Frage, in welchem Bereich meines Lebens ich eigentlich »humpelte« und eben doch eine Krücke brauchte. Erst in den vielen Gesprächen erkannte ich, dass es der Bereich meines Kinderlebens war, in dem ich nicht bekommen hatte, was für meine Entwicklung vom Mädchen zur Frau nötig gewesen wäre. Da fehlte offenbar ein Stück. So hatten es mir auch einige Frauen geschildert, die auf das Inserat geantwortet hatten. Wir alle konnten bei diesen Vätern kein Vertrauen, kein Zutrauen aufbauen, und dadurch war ein Austausch nicht möglich. Das hätte Anerkennung erfordert, die Chance, eigene Gefühle zu entwickeln, um uns später einer Beziehung mit einem Mann angstfrei öffnen zu können. Viele von uns lebten mit einer tief in unserer Seele vergrabenen Abspaltung. Waren wir von »Tätern« ins Leben geschickt worden, die uns nicht gut getan und uns zu *Opfern* gemacht hatten? Wie leben Kinder von Tätern damit weiter? In dem schon erwähnten Artikel im »Hamburger Abendblatt« schreibt die Psychologin Angelika Faas: »Die einen brechen jeden Kontakt zu dem Elternteil ab, streichen die Geschehnisse komplett aus der Erinnerung. Einige verdrängen ihr Wissen, so gut es geht, halten aber weiterhin Kontakt. Wieder andere versuchen, so sehr Verständnis für das Elternteil zu entwickeln, dass sie im Denken und Handeln mit der Person verschmelzen.

Und schließlich gibt es die Personen, denen durch Selbstreflexion oder Gespräche eine Bewältigung der Vergangenheit gelingt. Die Ambivalenz zwischen Liebe für die Person auf der einen und Scham und Entsetzen auf der anderen Seite ist schwer auszuhalten.« (Wer Hilfe sucht: Psychotherapie-Informationsdienst, Oberer Lindweg 2, 53129 Bonn, Tel. 0228/746699.)

Ich wusste noch nicht genau, welchen Weg ich gehen sollte, um an die Wurzeln meiner Defizite zu gelangen. Vor allem musste ich eine Blockade aufgeben, die mich daran hinderte einzugestehen, dass mir immer etwas gefehlt hatte. Der Kampf dagegen lag so lange zurück. Zweimal wollte ich die Besuche bei dem Therapeuten abbrechen, als er mir sagte: »Es könnte helfen zuzugeben, dass da doch eine Bedürftigkeit ist.« Ich schrie fast: »Ich bin nicht bedürftig« und verließ die Praxis. Aber ich ging doch wieder zu ihm. Und da war kein Vorwurf, keine Bewertung von ihm, die wieder einer Anstrengung bedurft hätten. Kein Entschuldigungszettel war nötig, stattdessen hatte ich das Gefühl, willkommen und angenommen zu sein, etwas, das ich mir immer gewünscht, aber nie bekommen hatte. Ich nannte es: warmes Interesse. Die Worte des Therapeuten, »Schön, dass Sie wieder da sind«, waren nicht nur Trost, sondern auch eine Ermutigung, weiterzugehen auf diesem Weg.

Schon bald spürte ich so etwas wie einen leisen Luftzug in meinem Kopf. Es war mir, als ginge, wenn auch zunächst vorsichtig, ein Fenster auf zu einem großen, dunklen Zimmer. Den nächsten Schritt, nun auch die Tür zwischen dem Vater und mir zu öffnen, konnte ich mir aber weiterhin nicht vorstellen.

In den Bildern, Erinnerungsbruchstücken, die noch alle durcheinander zu laufen schienen, tauchten auch Seiten des Vaters auf, die *seine* Defizite deutlich machten. Sie hinderten mich daran, meine Gefühle wahrzunehmen, zum Beispiel bei seinen Schilderungen aus dem Berlin der zwanziger Jahre, an die ich mich erinnerte. Das, was er mir darüber erzählte, als ich noch ein Kind war, erreichte mich damals schon. Da hörte ich ihm gern zu, weil er nicht so fremd sprach, sondern menschlich. Als er zum Beispiel auf Heinrich Zille[13] zu sprechen kam und mir auch ein Zille-Album schenkte. »Der Zille«, sagte er, »hatte ein großes Herz für die Menschen, denen es damals so dreckig ging, das kannst du dir gar nicht vorstellen. Die Menschen, die in den dritten oder vierten dunklen Hinterhöfen der alten Berliner Häuser lebten. In Wohnungen, die ihnen, oft mit vielen kleinen Kindern, zur Verfügung gestellt wurden, damit sie sie ›trockenwohnten‹ für die Leute, die danach einzogen, die sich solche Wohnungen leisten konnten. Diese kleinen Kinder, Monika, in den nassen Wohnungen, wurden oft krank und hatten Lungenentzündungen und immer Husten. Geld für einen Arzt hatten die Leute nicht, und so starben viele ihrer Kinder. Kannst du dir das vorstellen? So ein Unrecht war das damals!« – Und weiter erzählte er, dass seine Großmutter, die eine Stellenvermittlung in Berlin hatte, den reichen Leuten nicht nur Hauspersonal vermittelte, sondern auch Ammen. »Die kamen aus dem Spreewald. Kräftige, gesunde Frauen, die gerade selber ein Kind bekommen hatten. Ihre eigenen Kinder konnten sie nicht stillen, denn sie brauchten Geld zum Leben.

Und so stillten sie die Kinder von reichen Leuten, die in der Zeit auf Reisen gingen oder sich sonst wo vergnügten. Kannst du dir das vorstellen?« Ich konnte mir das nicht vorstellen. Aber während er mir *das* erzählte, schaute ich ihn gern an. Damals glaubte ich ihm.
Ich meine heute, nachdem ich viele Bücher über jene Zeit gelesen habe, dass er vielleicht ein redlicher Sozialdemokrat geworden wäre, wenn die Demokratie zu Zeiten der Weimarer Republik eine Chance bekommen hätte. Leider war das nicht so. »Man hat viele Gründe für das Scheitern der Weimarer Republik genannt«, las ich in einem Bericht der »Zeit« vom 30. Januar 2003. »Oft werden der Versailler Vertrag und die Wirtschaftskrise samt der hohen Arbeitslosigkeit dafür verantwortlich gemacht. Doch entscheidend war etwas anderes. Zu viele Deutsche wollten keine Demokratie; vor allem die konservativen Eliten verfolgten den neuen Staat mit unerbittlichem Hass.«
War so Adolf Hitler der Boden bereitet worden, seinen Wahnsinn, der ein ganzes Volk in den Abgrund treiben sollte, in die Tat umzusetzen? In den Archiven fand ich zahlreiche Bücher von Historikern, die diese Frage über Jahre untersucht hatten. Warum der Vater sich Hitler angeschlossen hatte, konnten sie mir nicht verständlich machen.
Was er mir von Armut und Ungerechtigkeit erzählte, konnte ich nachvollziehen. Nicht zu fragen aber wagte ich damals, warum er mir immer nur in Erzählungen von anderen Zeiten nahe zu sein vermochte und im Hier und Jetzt so fremd blieb. Später fand ich heraus, dass diese Zeiten der Ausgangspunkt seines Weges ge-

wesen waren. Der führte ihn allerdings nicht zu einem besseren Leben für die Menschen, einem menschenwürdigen Leben, sondern in eine Irre. Sie sollte in die Weltgeschichte eingehen, diese maßlose Unmenschlichkeit, die alles vorher Gewesene und auch vieles Furchtbare, was danach kommen sollte, in den Schatten stellt. Durch die unvorstellbare Barbarei. Mit dem Namen wie ein Brandmal: Nationalsozialismus.

Es waren eben andere Zeiten. Diesen Satz hörte ich oft, bevor ich mein Elternhaus verließ. Auf der Flucht vor der bedrohlichen Enge, getrieben von der Sehnsucht nach Freiheit und einem eigenen Denken und Leben. Aber das Wurzelgeflecht, in das ich eingepflanzt wurde, konnte ich nicht ganz herausreißen, vor allem nicht die verdrängten Erfahrungen. Wir mussten uns eben zurechtfinden, wir Nachkriegskinder, in diesem Leben, das unseres nicht sein konnte, denn es war überfrachtet mit dem Scheitern »der Sache« unserer Eltern.

Niemals hätte ich mir vorstellen können, dass eines Tages viele Bücher, Lexika und Recherchematerial auf meinem Schreibtisch liegen würden, um mich und auch die Geschichte meiner Familie aus dem Dunkel zu holen, das ich nicht mehr akzeptieren wollte und konnte. Es hinzunehmen hätte bedeutet, weiterhin mit Schmerzmitteln und Schlaftabletten zu leben. Das wollte ich auf keinen Fall. Aber bevor ich mich nach dem Tod des Vaters auf die Suche nach seinem Lebensweg machte, um etwas über seine Motive zu erfahren, vergingen noch etwa vier Jahre. Was ich in den vielen Büchern über jene Zeit las, ließ mich oft erstarren. Vor allem die Bildbände mit den Fotos der Deutschen aus jener Zeit[14]. Kurz geschoren und mit schnurgeradem Scheitel die Männer, mit blonden Zöpfen die Frauen und Mädchen, alle mit diesem deutschen »Geradeaus-Blick«. Sie schienen mir wie Wesen aus einer anderen Welt. Fast meinte ich die Kernseife riechen zu können, als ich sie ansah. Diese Sauberkeit, in der sie geradezu erstrahlten, verursachte bei mir einen Anflug von Übelkeit. In diese Zeit wollte ich doch eigentlich nicht zurück. Aber es gab keinen anderen Weg, als weiterzuforschen, um mehr über den Vater zu erfahren.

Allerdings, so sagte ich es auch meiner Tochter, hätte ich mich niemals dazu entschließen können, dieses Buch zu schreiben, wenn ihr Großvater ein SS-Scherge gewesen wäre. Einer, der an der Vernichtung von sechs Millionen Juden, von Sinti und Roma, der Verfolgung und Ermordung Andersdenkender und der Ausrottung von Behinderten und Kranken beteiligt gewesen wäre. Ich sei aber nicht mehr bereit, den oft zitierten Satz ihres Großvaters, den ich wie seine Rechtfertigung erinnerte, weiter zu akzeptieren: »*Damit* hatte ich nichts zu tun. Ich war Soldat.« Ich musste ihr eingestehen, dass ich so gut wie nichts von ihrem Großvater wusste – nie wissen wollte – und dass ich in der Therapie begonnen hatte zu erkennen, warum das so war. Dass es etwas gegeben habe, über das ich nie gesprochen hätte, etwas, das mich daran hindere, um ihn zu trauern. Dass mir das ein großes Problem bereite, die Kopfschmerzen zum Beispiel, und dass ich mich auf die Suche machen wolle, die Gründe dafür herauszufinden, da ich der Meinung sei, sie hätten mit meiner Kinderzeit und ihm zu tun. Wie so vielen anderen Männern und Frauen meiner Generation sei es mir nur mit Hilfe von Verdrängungen gelungen, mich durch jene Kriegs- und Nachkriegsjahre zu retten. Verdrängungen, die ebenfalls ein Stück Geschichte darstellten, wenn auch nur ein kleines Stück dieses großen Dramas, in das wir Kinder wie Statisten eingebunden worden seien. Nach dem Krieg hätten wir Kinder oft gehört: »Es waren schwere Zeiten, aber die Familien hielten zusammen.«

Ich versuchte ihr zu erklären, dass wir eher wie in einer Umklammerung miteinander gelebt hatten. Diese Eltern mit ihrer nationalsozialistischen Altlast und wir Kinder. Es habe damals keine Aufarbeitung dieser Katastrophe gegeben. Deshalb sei diese nationalsozialistische Ideologie eben in ihnen stecken geblieben. Wir konnten nicht ahnen, wie es ihnen erging, als ihr Weltbild, diese Bewegung, wie eine morsche Bretterbude zusammenfiel. Nach der Zeit, in der sie sich geführt wähnten von diesem Hitler, der ihnen alles versprochen und sich dann mit seinem Selbstmord aller Verantwortung entzogen hatte.

Es sei mir wichtig herauszufinden, warum er sich den Nationalsozialisten angeschlossen und sich später nicht mit diesem Übel auseinander gesetzt, sich uns Kindern gegenüber nicht deutlich mitgeteilt habe. Auch sprach ich mit ihr darüber, dass es mir nicht darum gehe, dem Vater einen »Persilschein« auszustellen, das heißt, ihn reinzuwaschen.

Mir gehe es vielmehr um Antworten, erklärte ich ihr, die ich nie bekommen hätte, und um die Gründe, warum wir nie Fragen hätten stellen dürfen. Da verstand sie, meine ich, was ich im Sinn hatte. Und so konnte die Suche, die später zu diesem Buch führte, weitergehen. Die wenigen Unterlagen, die ich nach dem Tod des Vaters fand, gaben so gut wie keine Antworten. Wurde in der Familie nicht erzählt, dass die Mutter ihn eines Tages vor die Entscheidung gestellt hatte: »Entweder der Führer oder ich«? Warum und wann hatte sie das gesagt? Ich konnte damals noch nicht ahnen, dass dies ein erster Schlüssel zu der Tür des Schweigens, *ihres* Schweigens, sein sollte. Zu einem Geheimnis, das die Eltern bis zu ihrem Tod für sich behalten hatten.

7

Als ich 2001 beim ehemaligen Berlin Document Center der Alliierten, dem heutigen Bundesarchiv Abteilung Reich in Berlin[15], anfragte, ob es dort Unterlagen über den Vater gebe, bekam ich kurze Zeit darauf zwei Fotokopien aus der NSDAP-Zentralkartei.

Auf der einen ein Foto des Vaters, mit einer Schirmmütze, die ihm fast über die Augen rutscht. Das Dokument wies seine Mitgliedsnummer und das Datum seines Beitritts in die NSDAP aus: 1. März 1932. Da war er zwanzig Jahre alt. Dass er in dieser Partei gewesen war, wusste ich. Neu war mir die Angabe auf der zweiten Kopie: seine Abmeldung aus Berlin 1936 und seine neue Adresse: Ordensburg Crössinsee / Gau Pommern. Da gab es eine Erinnerung. Von einer Ordensburg war einmal gesprochen worden. Damals hatte ich gedacht: Da hat er wohl seine Orden bekommen. Mehr erfuhr ich darüber nicht. Es gab auch keine Fotos aus dieser Zeit. Wo war Crössinsee? Pommern – das war doch jetzt Polen. Ich wollte beim polnischen Konsulat anrufen und nachfragen.

Was waren eigentlichen Ordensburgen? In »Meyers Großem Taschenlexikon« las ich: »Bezeichnung für … die Parteihochschulen der NSDAP, vor allem der SS, zur Heranbildung des Führernachwuchses in Crössinsee, Sonthofen und Vogelsang.«

Ich konnte nicht glauben, was ich las. Besonders erschreckte mich der Hinweis »vor allem der SS«. Aber der Vater hatte ja oft gesagt: »Mit den Totenköpfen hatte ich nie etwas zu tun. Ich war Soldat.« Das sollte sich später bei meinen Recherchen bestätigen.

Zunächst fragte ich mich, ob es diese Ordensburgen noch gab. Ich stieß auf das Video »Worte aus Stein«[16], in dem ich sehen konnte, dass die Ordensburg Crössinsee im Gegensatz zu Sonthofen und Vogelsang noch zu zwei Dritteln so erhalten ist wie vor rund sechzig Jahren. Beim Anschauen dieses Films war mir, als beträte ich ein Stück Leben des Vaters, das in einer mir bis dahin völlig unbekannten Welt stattgefunden hatte. Die Aufnahmen von den Bauten der Ordensburgen weckten bedrohliche Gefühle in mir, die ich bereits aus meiner Therapie kannte. Sie zeigten von Größenwahn gekennzeichnete Nazimonumente, »hehr« wirkende Säulen der Ehren- und Schulungshallen und die so genannten Thingplätze. Was hatte dort stattgefunden? Wie war der Vater dorthin gekommen? Ich beschloss, die Ordensburg Crössinsee, wo er sich offenbar verloren hatte, zu finden.

Bei der Forschungsstelle für Zeitgeschichte in Hamburg[17] bekam ich zunächst grundlegende Informationen zu den drei Ordensburgen, auch Auszüge aus dem Organisationsbuch der NSDAP von 1938, in denen ich lesen konnte, welche Lehrfächer an diesen Schulungsstätten angeboten wurden und welche Voraussetzungen die Männer erfüllen mussten, um für die Aufnahme in die »Schulen der Manneszucht« qualifiziert zu sein. Als »Junker« auf dem Weg zur Führungskraft für die Nationalsozialisten und ihr großes, reinrassiges, germanisches Tausendjähriges Reich.

Das waren die »Lehrfächer«:

»1. Rassenlehre …

2. Geschichte …

3. Weltanschauung und Philosophie.

4. Kunst und Kultur.

5. Wirtschafts- und Soziallehre.

6. Wehrwissenschaft.«

Folgende Voraussetzungen für die Zulassung zu einer Ordensburg mussten erfüllt sein:

»1. Bisher aktive Betätigung des Anwärters in der NSDAP.

2. Volle Gesundheit und Fehlerfreiheit.

3. Erbgesundheit und arische Abstammung.

4. Positives Urteil des Hoheitsträgers nach Anhören des Personalamtsleiters.

5. Alter dreiundzwanzig bis dreißig Jahre (in Ausnahmefällen auch unterhalb oder oberhalb dieser Altersgrenze). Ab sechsundzwanzig Jahren ist der Ledigenstand unerwünscht.«

Aus diesen Voraussetzungen ergab sich für mich gleich die Frage: Wo war der Vater vorher für die NSDAP aktiv tätig gewesen, um die Zulassung zu bekommen? Darüber fand ich keinerlei Dokumente. Der Vater war ja erst mit zwanzig Jahren in die NSDAP eingetreten. Die Jungen auf den Adolf-Hitler-Schulen waren viel jünger, und von einer Napola hatte ich ihn nie reden hören. War er möglicherweise bei der SA, der Sturmabteilung, aktiv gewesen?

Ich las im »Lexikon des Nationalsozialismus« unter dem Stichwort »SA«: »militärisch organisierte und uniformierte Kampf- und Schutztruppe der NSDAP«. Braunhemden, wie der Vater sie genannt hatte. Sie wurde ab 1921 vor allem aus ehemaligen Soldaten gebildet, Freiwilligen, »die, arbeitslos und unzufrieden, nach Kriegsende nicht in der Lage waren, sich ein geregeltes Leben aufzubauen«. Ihre Aufgabe bestand, neben dem Schutz der eigenen Parteiversammlungen, auch darin, »Versammlungen anderer Parteien zu stören, sie notfalls zu sprengen« und »durch Schlägereien mit politisch Andersdenkenden Aufsehen zu erregen«. Hitler sah in diesen Terroraktionen eine wirksame Werbung für die Partei: »Was schwatzen Sie da von Grausamkeiten und entrüsten sich über die Qualen? Die Masse will das. Sie braucht etwas zum Grauen.« Der Vater hatte erwähnt, dass er dabei war, als die Braunhemden von Lastwagen herunter durch die Straßen von Berlin fuhren und »dieses rote, marxistische Gesindel« jagten. Hatte er nur mitgemacht oder war er in der SA? Dazu gab es keine Unterlagen. Auch nicht darüber, wann und wo der Vater sich für die Aufnahme auf die Ordensburg beworben hatte beziehungsweise wo er dafür vorstellig geworden war.
Hier wurde mir auch klar, wie wenig ich über die Erziehungseinrichtungen der Nazis wusste. Wie Hitler in diesen NS-Schmieden die Jungen zurechtbiegen, ihnen seine Ziele einbrennen ließ, schildern ehemalige Napola-Zöglinge in dem von Johannes Leep herausgegebenen Buch »Wir waren Hitlers Eliteschüler«[18]. Vor allem erschreckte mich, wie Hitler selbst diese Erziehung ge-

sehen hatte: »In meinen Ordensburgen wird eine Jugend heranwachsen, vor der sich die Welt erschrecken wird. Eine gewalttätige, herrische, unerschrockene, grausame Jugend will ich. Es darf nichts Schwaches und Zärtliches an ihr sein. Stark und schön will ich meine Jugend. So kann ich das Neue schaffen.«
Ich war fassungslos, als ich das las. Eliteschulen, Napola, Ordensburgen – wie hing das zusammen? Ein Beitrag in dem Buch, »Die drei Typen der nationalsozialistischen Ausleseschulen« von Elke Fröhlich, wissenschaftliche Mitarbeiterin des Instituts für Zeitgeschichte in München, gab mir über die Schulen vor der Eröffnung der ersten Ordensburg in Crössinsee 1936 Auskunft. »Die Auswahl der ›Erlesenen‹ erfolgte in erster Linie nach erbbiologischen Kriterien ... In der schulischen Erziehung maß Adolf Hitler statt ›eingetrichterten Stoffes‹ der körperlichen Ertüchtigung – besonders dem Boxen – höchste Bedeutung bei, sollte diese doch seiner Ansicht nach stärkstes Selbstvertrauen und absolutes Überlegenheitsgefühl über andere bewirken. Darin und in der betonten Ausbildung von kriegstauglichen Charaktereigenschaften wie Treue – bis in den Tod –, wie vollkommene Opferwilligkeit und bedingungsloser Gehorsam sah Hitler die besten Garanten schulischer Vorbereitung für den Militärdienst.« Und weiter: »Dreh- und Angelpunkt dieser Pädagogik bleibe die ›rassische Qualität des gegebenen Menschenmaterials‹, die Hitler zufolge absolute Voraussetzung für geistige Leistung sei. Um dieses ›Menschenmaterial‹ heranzuzüchten und die nötige ›Menschenauslese‹ betreiben zu können, forderte er: ›Die gesamte Bil-

dungs- und Erziehungsarbeit des völkischen Staates muss ihre Krönung darin finden, dass sie den Rassesinn und das Rassegefühl instinkt- und verstandesmäßig in Herz und Gehirn der ihr anvertrauten Jugend hineinbrennt. Es soll kein Knabe und kein Mädchen die Schule verlassen, ohne zur letzten Erkenntnis über die Notwendigkeit und das Wesen der Blutreinheit geführt worden zu sein.‹«

Weiter heißt es in dem Beitrag von Elke Fröhlich:

»Mit dieser Maxime entstanden nach der Machtübernahme durch die Nationalsozialisten drei voneinander zu unterscheidende Typen von Ausleseschulen:

1. die staatlichen Einrichtungen von Bernhard Rust unter der Patronage von SA/SS und Wehrmacht, die Nationalpolitischen Erziehungsanstalten (NPEA, gebräuchlich Napola),
2. die von Robert Ley (Deutsche Arbeitsfront) beziehungsweise Baldur von Schirach (Hitlerjugend) protegierten Adolf-Hitler-Schulen (AHS) und
3. die ›Reichsschule der NSDAP Feldafing‹, eine Einrichtung von Reichswehr/SA (Ernst Röhm) und NS-Lehrerbund/Partei (Rudolf Heß, später Martin Bormann).«

Das alles war sehr aufschlussreich, aber mit dem Vater hatte es nichts zu tun. Er wäre für diese Schulen nach seiner Zimmermannslehre zu alt gewesen.

Wer an weiteren Beschreibungen dieser »Elite-Schulen«, besonders der Reichsschule der NSDAP in Feldafing, interessiert ist, der sollte in Guido Knopps Buch »Hitlers Kinder«[19] schauen. Geradezu erschreckend sind die Bilder, die kleine Jungen in Uniformen zeigen.

Sie sind in Breeches und in bis zu den Knien geschnürte Stiefel gekleidet, unter den Käppis sieht man ihre kleinen, überanstrengten Kindergesichter. Sie sehen wie traurige, alte Männer aus. Diesen kleinen, »zäh gemachten Windhunden«, die eigentlich noch Welpen waren, wurde Jammern nicht zugestanden. Aus ihren Kindergesichtern spricht verlorene Kindheit, die nur zu ersetzen war durch das, war man ihnen dort versprach: Ihr seid etwas Besseres. Etwas Elitäres. Des Führers Elite! Wussten diese kleinen Jungen, was ihnen bevorstand? Wofür sie geschliffen, gedrillt wurden, mit Mutproben, die sie oft, wie ich las, zum Bettnässer machten, und ohne jede Chance, einmal zuzugeben, dass ihnen das nicht gefiel? Ich konnte mich mit ihnen solidarisch fühlen, denn auch mir waren solche Mutproben abverlangt worden, bei denen ich als kleines Mädchen beweisen sollte, dass ich kein »Waschlappen« war.

Ich holte immer mehr Informationen ein, aber sie gaben mir noch immer keine definitive Antwort, wie der Vater auf die Ordensburg in Crössinsee gekommen war. Eine weitere Erklärung fand ich in dem Buch »Die Ordensburg Vogelsang« von Hans-Dieter Arntz[20], in dem der Autor die verschiedenen Wege zur Ordensburg anschaulich in einer Skizze zusammengefasst hat. Daraus wurde für mich ersichtlich, dass der Vater nach der Schule über die Handwerkslehre zur Ordensburg gekommen war. Die zweite Voraussetzung, Parteidienst, konnte ich nicht nachweisen, wohl aber seinen Eintritt in die NSDAP im März 1932.

Der erste Lehrgang an der Ordensburg Crössinsee be-

gann 1936. Da wurde die Burg – in Anwesenheit von Hitler – eröffnet. Der Vater war zu dieser Zeit dort, wie ich recherchiert hatte. Die Ausbildung dauerte drei Jahre. Für die »Junker« war vorgesehen, nach jeweils einem Jahr Schulung in eine andere Ordensburg zu wechseln. Der Vater hätte also seine Ausbildung 1937 in Vogelsang oder Sonthofen fortsetzen müssen. Das aber hatte er nicht getan. Warum nicht? Da fiel mir der Satz der Mutter wieder ein: »Ich habe ihm eines Tages gesagt, du musst dich entscheiden: der Führer oder ich!« Damals wurde sie mit meiner Schwester schwanger. *Da* also hatte sie ihn vor die Wahl gestellt, das wurde mir nun klar.
Die Entscheidung fiel für die Familie, die daraufhin gegründet wurde. Dafür, so erzählten uns die Eltern später, musste der Vater zum Katholizismus konvertieren, sonst hätte die Oma in Oberschlesien die Einwilligung zu dieser Ehe nicht gegeben. – In dem »Ahnenpass« (Nachweis der arischen Abstammung beider Ehegatten bis zum festgesetzten Stichtag 1. Januar 1800), den der Vater hinterlassen hatte, sah ich noch einmal nach. Dort hatte er zum Punkt Religion »gottgläubig« angegeben. In den ersten Monaten nach der Eröffnung der drei Ordensburgen, so Arntz, waren hunderte Junker aus den Kirchen ausgetreten. »Gottgläubig« hätten sie sich danach genannt, um das Wort »heidnisch« zu umgehen. Die neue Bewegung – weg von dem aus der Sicht der Nazis jüdischen Ursprung christlicher Kirchen – habe für das Volk noch nicht so deutlich werden sollen. Weitere SS-Rituale, die Arntz in seinem Buch schildert, wie die Eheschließungen, die »Braunen Hochzeiten« oder

»Eheweihen« der Junker, kamen mir fast gespenstisch vor. Die folgenden Auszüge veranschaulichen das:
»Unsere Fest- und Feiergestaltung unterscheidet sich grundsätzlich und wesensmäßig von der bisher jüdisch-orientalischen des Christentums …
Kleidung:
Bräutigam = Uniform
Braut = Helles Kleid (ohne den orientalischen Schleier und die jüdischen Myrten)
Konfessionelle Schmuckstücke dürfen nicht getragen werden …
Festraum: Besonderen Blumenschmuck, auch Tannen und Birkengrün. Als Symbol der Heiligkeit des ewigen Lebens brennen zwei Opferschalen.
Aufstellung: Der Sprecher … soll auf keiner ›Kanzel‹ stehen, sondern hinter einem Tisch, der durch eine SS-Fahne verkleidet ist. Im Festraum selbst außerdem noch Schmuck durch Hakenkreuzfahne, Standarte und Runensymbole (Hagalrune, Lebensrune oder doppelte Lebensrune als Symbol der Ehe) …
Auch die Braut darf keinem konfessionellen Verein oder Verband angehören.«
Opferschalen, Eherunen – so hätte sich meine Mutter nicht trauen lassen, da bin ich sicher. Was hatte es mit diesen Symbolen eigentlich auf sich? Basierte diese Bewegung auf einer politischen Religion?
Das Buch »Schwarze Sonne« von Rüdiger Sünner[21] bietet allen an diesem Phänomen Interessierten Klartext. Mir machte es das Mystische des Nationalsozialismus deutlich, wie es in Bemerkungen des Vaters zum Ausdruck kam, wenn er von »indogermanisch«, »Edda«,

»Nibelungen« oder »Wotan« sprach, Begriffe, die ich als Kind nie verstand. Die auch in der Schule und am Gymnasium kein Thema waren. Das Buch sollte mir endlich darauf Antwort geben, wie es möglich war, dass Adolf Hitler dieses Deutschland von damals so auf sich einschwören konnte. Er war für das Volk ein Heilsbringer. Wie untermauerte er seine weltanschauliche Bewegung?
Dazu Sünner: »Der Nationalsozialismus war nicht nur ein politisches Programm, das Arbeitsplätze und kollektiven Zusammenhalt versprach, sondern auch eine Bewegung der großen Legenden, Bilder, Symbole und Rituale. Aus verschiedenen Elementen wurde eine Art Ersatz-Mythologie zusammengebaut, die Fragen nach dem Ursprung und der Zukunft beantworten wollte und die Helden der Vorzeit zu Identifikationsmustern für die Gegenwart verklärte. Ein ›messianischer‹ Führer versprach einem suchenden Volk geistige Orientierung, siegreiche Kämpfe gegen vermeintliche Mächte der Dunkelheit und die Errichtung eines in die Ewigkeit reichenden ›Tausendjährigen Reiches‹. Man entwarf einen ›arischen‹ Ursprungsmythos, der die eigene Nation in eine erhabene Traditionslinie stellte und den man in gewaltigen Zeremonien und Massenritualen immer wieder beschwor und erneuerte. Dazu wurden eigene ›Tempel‹, ›Kultstätten‹ und ›Ordensburgen‹ errichtet, Symbole und Heilszeichen bereitgestellt. Die eigenen Ahnen wurden als unbesiegbare Kraftquelle zu einem der Mittelpunkte des Lebens erklärt. Weihestätten, Weiheveranstaltungen suggerierten die Unsterblichkeit der eigenen Volksseele und spornten den

idealistischen Geist junger Menschen an, die am Ende jedoch nicht ins Kriegsparadies ›Walhall‹ einzogen, sondern auf den Schlachtfeldern verbluteten.«

Das hätte mich wirklich interessiert, wie der Vater meiner Mutter seinen Weg zum Junker auf der Ordensburg in Crössinsee erklärte. Ihr, der jungen, 1934 gerade erst in Großberlin angekommenen, strenggläubig erzogenen Katholikin und Schwesternschülerin am Westsanatorium bei Nonnen. Ich bin davon überzeugt, dass ihr das nicht nur missfiel, sondern dass sie zudem nicht daran glauben wollte und konnte. Wie hatte sie wohl reagiert, als er ihr zum ersten Mal in der »Junker«-Uniform gegenüberstand? Wie sah diese Uniform eigentlich aus? Ich bedauerte, dass ich sie das nun nicht mehr fragen konnte, aber in Arntz' Buch las ich: »Als Angehörige der Partei trugen die Junker eine braune Uniform, Schirmmützen, braunes Hemd mit schwarzer Krawatte, Koppel und Schulterriemen aus braunem Leder und halb lange Jacken mit silbernen, gehämmerten Knöpfen; die braunen Stiefelhosen steckten in schwarzen Schaftstiefeln. Ein schmaler schwarzer Streifen auf dem linken Ärmel trug den Namen der jeweiligen Ordensburg.«

Einen besonders wichtigen Hinweis gab mir Rolf Sawinski, der 1997 ein Buch über die Ordensburg Crössinsee veröffentlicht hat[22], bei einem Telefongespräch: »Sie trugen eine Uniform, die in der Farbe – goldbraun – der der SA ähnelte. Daher nannte man sie auch ›Goldfasane‹.« – Damit wurde klar, welches Geheimnis die Mutter und der Vater immer vor uns verborgen hatten. Denn der Vater nannte die Mutter »Goldi«, später »meine Goldhenne«, und nach fünfzig Jahren Ehe schenkte er ihr, »seinem Goldhühnchen«, wie er sagte, eine Brosche. Ein kleines Huhn mit einem Brillanten als Auge. Von ihrem Goldfasan? Das war und blieb ihre Sache.

Offenbar verließ er ihretwegen 1937 die Ordensburg. Sie heirateten in Oberschlesien. Es gab eine kirchliche katholische Hochzeit mit Schleier und Myrtenkranz und eine dreitägige Feier auf dem Land mit vielen gebratenen Hühnern und Enten. In dem kleinen Dorf bei Hindenburg, wo meine Mutter viele Jahre ihrer Kindheit verbracht und, wie sie es mir oft schilderte, ihre Gänse gehütet hatte. Nach seinem »Höhenflug« in Crössinsee war der Goldfasan in einer Familie gelandet, wie er sie sich immer gewünscht hatte, weil sie ihm selbst als Kind vorenthalten geblieben war.

Seine »Ersatzfamilie« auf der Ordensburg, die Kameradschaften, ließ er hinter sich, nicht jedoch die Ideologie, daran konnte auch eine Konvertierung nichts ändern. Von Herrn Sawinski bekam ich auch einige Unterlagen zur Ordensburg Crössinsee. In dem Informationsblatt »Die Burggemeinschaft« war der Vater als Junker bis 1944 geführt worden. Einmal Junker, immer Junker?

Hatte darum die Mutter oft, wenn er sie umarmen wollte, gesagt: »Geh weg, du Judas«? Denn er war zwar katholisch geworden, um die Mutter heiraten zu können, aber im Grunde, da bin ich sicher, hatte er mit der Kirche nie etwas »am Hut«. Und sie? Beide waren nie mit uns Kindern zum Gottesdienst gegangen. Wir aber mussten, ob wir es wollten oder nicht. Wir wurden regelrecht dafür »hergerichtet«. Mit großen, roten Satinschleifen über kleinen Haartollen schickten die Eltern uns zum Kindergottesdienst. Sie blieben zu Hause. Warum, fragten wir nie. Eigentlich waren wir froh, dass sie nicht mitkamen, weil wir den Gottesdienst ab und zu schwänzten. Wir genierten uns, mit diesen Haarschleifen in die Kirche zu gehen. So saßen meine Schwester und ich oft im Park auf einer Bank und überlegten uns, was wir zu Hause erzählen sollten, über die Predigt des Pfarrers, was er uns aus der Bibel vorgelesen habe. Wir hätten uns diese Überlegungen sparen können, hätten ihnen alles erzählen können, meine ich heute. Denn sie interessierten sich gar nicht dafür. Sie schickten uns nur wegen der Oma in die Kirche, um ihr nach Hindenburg schreiben zu können, dass sie uns katholisch erzogen.

Welche Erziehung hatte der Vater vor der Ordensburg durchlaufen? Ich erinnerte mich, dass er jeden Freund, den meine Schwester und ich ihm später vorstellten, zum Beispiel, wenn wir zu Hause abgeholt wurden, um ins Kino zu gehen, als Erstes fragte: »Haben Sie gedient?« Uns war diese Frage, wie sich leicht nachvollziehen lässt, sehr peinlich. Wo und wann aber hatte eigentlich der Vater gedient? Ich stellte einen Antrag bei der Deutschen Dienststelle für die Benachrichtigung der nächsten Angehörigen, der ehemaligen Wehrmachtsauskunftsstelle[23], um das zu erfahren.

Als ich von dort Auskunft bekam, erfuhr ich viel über seine Einsätze im Krieg, nicht aber über seine Rekrutenzeit, die Zeit, in der *er* »geschliffen« worden war. Was hatten die jungen Männer dabei durchzustehen? In dem Buch »Die Chance des Gewissens«[24] berichtet

Horst-Eberhard Richter unter anderem von seiner Rekrutenzeit im Nationalsozialismus. Im Kapitel »In der Werkstatt der Entmündigung« las ich:
»Hirnleere Automaten sollten wir werden ... Die Rekrutenausbildung verfolgte neben dem handwerklichen Training systematisch drei Hauptziele:
1. Es ging zunächst um unsere totale gefühlsmäßige und gedankliche Abstumpfung. Der tägliche Schliff strotzte von Widersinnigkeiten, so dass man ihn nur halbwegs aushalten konnte, wenn man daran nichts mehr innerlich ernst nahm. Die Summe planvoller Schikanen, Ungerechtigkeiten und leerer Exerzierformalismen sollte dazu verleiten, sich regelrecht zu entpersönlichen.
2. Jede Widerspruchsfähigkeit sollte abgetötet werden. Wer nicht marionettenhaft folgte, machte sich unverzüglich der ›Befehlsverweigerung‹ schuldig, das heißt des gravierendsten aller Verbrechen.
3. Zur Kompensation der ausgelöschten persönlichen Identität sollte man entmündigt in dem Kollektiv-Ego der ›Gemeinschaft‹ aufgehen. Den enteigneten individuellen Narzissmus hatte man in der Partizipation an dem heroischen Schicksal des Volkes auszuleben. Die unaustilgbaren moralischen Empfindungen wurden auf das neue äußere Über-Ich, Volk gleich Führer oder Führer gleich Volk vereidigt. Ein völkisches Opferethos sollte alle menschlichen Rücksichten brechen; den narzisstischen Selbsterhaltungstrieb sowieso, speziell aber den Widerwillen gegen das Töten und alle Formen der Zerstörung, Mitgefühl, Mitleid, Karitas. Narzissmus und moralischer Heroismus sollten in der Fantasie

dazu vereinigt werden, das eigene Leben dem Sieg des tausendjährigen Reiches und dem göttlichen Führer zu weihen. Auf diese Ziele hin wurden die Tugenden Hingabebereitschaft, Treue, Mut, Tapferkeit konditioniert. Dass eben diese Tugenden – Hingabebereitschaft, Treue, Tapferkeit – eigentlich, wie es ein intaktes Individualgewissen gefordert hätte, in allgemeiner Mitmenschlichkeit zu bewähren waren, musste aus den Köpfen getilgt werden. Die Benutzung der echten moralischen Empfindungen zur Prägung auf pervertierte Vorstellungen führte zu der bekannten Umkehr des Pflicht-Neigung-Konfliktes: *Nicht* töten zu wollen, wurde zu einer bösen Versuchung, der man mit moralischer Kraft zu widerstehen hatte. Denn ›Du sollst töten!‹ war das neue moralische Gesetz.«

Hatte der Vater nicht oft vom inneren Schweinehund gesprochen, den es zu bekämpfen gelte? Was hatte er damit gemeint? Angst, Gefühle in sich zu unterdrücken, um zu einem Kampfhund zu werden? Beim Lesen dieser Schilderungen von Horst-Eberhard Richter konnte ich mir eine solche »Behandlung« überhaupt nicht vorstellen. Aber war ich nicht, bei der Arbeit an diesem Buch, der Behandlung auf der Spur, die der Vater mir »angedeihen« ließ? Angeblich, wie er oft sagte, weil es zu meinem Besten sei?

Unwürdige, erniedrigende Abrichtungsmethoden hatten mich schon immer erschreckt und angeekelt, zum Beispiel in dem Film »Verdammt in alle Ewigkeit« (nach dem Roman von James Jones), den ich mit sechzehn Jahren sah. Ernest Borgnine spielt den Sergeant »Fatso«, der den kleinen Angelo Maggio (Frank Sinatra in einer Paraderolle) im Militärgefängnis fertig macht. Die Willkür, mit der Fatso dabei vorgeht, spürte ich damals im Kino so stark, dass ich mich beinahe übergeben musste. Als wollte etwas aus mir heraus, das da vor langer Zeit »abkommandiert« worden war. Auch verdammt zum »Mund halten«. Was bedeutete: alles ohne Widerrede hinzunehmen und auszuhalten. Auch der Soldat Prewitt (erschütternd sensibel dargestellt von Montgomery Clift) wird grausam schikaniert. Als ich den Film viele Jahre später noch einmal und dann bis zum Ende sah, die Szene, in der Prewitt für seinen zu Tode gequälten Kameraden Maggio den Zapfenstreich bläst, bekam ich eine Ahnung vom Zusammenhalt, von diesem soldatischen Zugehörigkeitsgefühl unter Männern, von dem auch der Vater oft gesprochen hatte: Man saß halt in einem Boot und ruderte ums Überleben. Froh, dabei nicht allein zu sein. Angst, Furcht? Die durften nie gezeigt werden. Bedeutete »den inneren Schweinehund zu bekämpfen« nicht, dass die Rekruten, die diesen Schleifern ausgeliefert waren, etwas hergeben mussten, um zu aggressiven Kampfhunden zu werden? Was geschah mit ihren Gefühlen, den weichen Seiten in diesen oft noch sehr jungen Männern? Lassen sich Gefühle, Sensibilität, Abscheu vor Aggression und Gewalt »wegdrillen«? Wie gingen sie mit ihrer Wut, ihrer Verzweiflung um, als der Mensch in ihnen so traktiert wurde? Kann man das nur in einer Gruppe, in einer Kameradschaft aushalten, wenn da zumindest das Gefühl ist, nicht allein zu sein? Exerzierend, marschierend und oft noch dabei singend? In Filmen über Militärakademien und andere militärische Einrichtungen ist so etwas ebenfalls zu beobachten. Da stehen diese Männer, mit dem Blick wie Granit starr nach vorn, uniformiert, ausgerichtet in Reih und Glied, und treten an zum Gleichschritt-Marsch. Im Kampf für ein Vaterland, gegen einen Feind, der immer wieder in ihnen aufgebaut wird und den es zu vernichten gilt, an dem Tag X, an dem zur Attacke geblasen wird. Für Kriege, die von Strategen an Tischen in Regierungspalästen beschlossen werden und die das Waffengeschäft immer weiter am Laufen halten. Mit den Männern, die »gezogen« werden, um zu »dienen«, kann ich Mitgefühl haben, aber der Vater hatte sich freiwillig gemeldet. Er muss von dieser nationalsozialistischen Ideologie, dieser faschistischen Bewegung so überzeugt gewesen sein, dass es für ihn nur einen Weg gab: seinem Führer zu folgen. Er zog in diesen Krieg, um Adolf Hitler bei der Verwirklichung seiner Ziele zu helfen.

Auch der Vater muss als Rekrut wie all die anderen, die er immer seine Kameraden genannt hatte, für den folgenden Krieg abgerichtet worden sein, der, bemäntelt als »Kampf fürs Vaterland«, konsequent vorbereitet und durchgezogen wurde. Auch ihm müssen schon, als er »diente«, wie in einer Gehirnwäsche mitmenschliche Gefühle, Erbarmen ausgetrieben worden sein. Das Menschliche, das er, kurz bevor er starb, doch zu erinnern, zu vermissen schien, als er sagte: »Es wird der Tag kommen, an dem der Mensch wieder zum Menschen findet.«

Das kalte Grausen überkam mich, als ich las, wie die Rekruten damals fertig gemacht wurden. Das erklärte die Härte, in der er mir später begegnete, als er 1945 aus dem Krieg nach Hause kam, aus dem er nicht nur seine Orden, sondern auch die Kälte mitbrachte, die ihm »eingebläut« worden war, als man ihm »das Blaue von Himmel herunter« versprochen hatte als Lohn für seine Unterwerfung.

Noch einmal suchte ich in den hinterlassenen Fotoalben. In einem kleinen Album, das seiner Mutter gehört hatte, fand ich ein Foto, das den Vater in Uniform zeigte. Er sah aus wie die Männer, die ich als Kind aus der Kriegsgefangenschaft heimkehren sah. Elend, blass und abgestumpft. Wie immer trug auch dieses Foto keinen Vermerk. Aber als ich es vorsichtig vom Klebstoff befreite, las ich auf der Rückseite: »1933. Wittstock. Lehrgang beendet. Satt!!!«

Der Vater hatte also schon vor der Ordensburg »gedient«. Sein Vermerk »Satt!!!« schien darauf hinzuweisen, dass auch er fertig gemacht worden war. Hatte er das nicht gelegentlich mit dem hilflosen Satz zu erkennen gegeben: »Entschuldige, ich bin unterworfen«? Hatte er damit etwas aus sich herausgelassen, das in ihm vor langer Zeit abgewürgt worden war? War es ein Eingeständnis von Angst und Schwäche? Nach diesem Rekrutenschliff also schrieb er schon: »Satt!« Hielten ihn trotzdem Idealismus oder Patriotismus weiter auf diesem Weg? Die von den Nationalsozialisten geschürte Wut gegen den Versailler Vertrag? Diese »Schmach«, die das Volk in die Knie zwang, auspresste und hungern ließ? Trieben den Vater die Versprechungen an, die Hitler dem Volk machte? Oder war es auch persönlicher Ehrgeiz, seinem Leben eine Zukunft zu geben? Endlich auch etwas zu bekommen, das ihm bis dahin nicht ermöglicht worden war? War er durch die Energie, die sich da anbahnte, die wie ein Lichtstrahl aus dem Elend schien, verblendet? Erkannte er deshalb nicht, dass dieser Weg nicht zu einem besseren Leben für die Menschen führen konnte? Was war mit ihm, dem kleinen Berliner Jungen, der sich, wie er mir einmal erzählte, auf einer Waldschule an seinem Beet erfreute, auf dem wuchs, was er angepflanzt hatte? Was geschah mit seinen Empfindungen, seiner Sensibilität, die ich gelegentlich später bei ihm beobachtete, auch wenn er sie nicht nur vor uns, sondern sogar vor sich selbst zu verbergen versuchte? Wenn er zum Beispiel eilig Tränen wegwischte, als schämte er sich seiner Gefühle. Als gestattete er sich nicht, sie zuzulassen, weil sie auf dem Weg, den er gegangen war, versteckt, vergraben werden mussten. Abgetötet für den »echt deutschen Kerl«, diesen »deutschen Charakter«, der gefordert war als Aufnahmebedingung an der Ordensburg. 1934, so wies es sein Arbeitsbuch aus, war er in Berlin Büroangestellter bei Siemens. Seine Großmutter, hatte er meiner Schwester einmal erzählt, wollte die dreckigen Kittel nicht mehr waschen, die bei der Zimmermannsarbeit anfielen. Aber in einem Büro zu versauern kann nicht sein Lebenswunsch gewesen sein. So blieb er dort nur ein Jahr. Zwei Jahre nach Hitlers Machtergreifung wurde nach dem Wehrgesetz vom 21. Mai 1935 die allgemeine Wehrpflicht wiedereingeführt. Da war der Vater dreiundzwanzig Jahre alt. »Gedient« hatte er ja schon.

»Die Wehrmacht«, heißt es in dem Gesetz, »ist der Waffenträger und die soldatische Erziehungsschule des Deutschen Volkes.« Er rückte ein in diese »soldatische Erziehungsschule«. Einige kleine Fotos, die ihn bei verschiedenen Appellen zeigen, allerdings ohne nähere Angaben, wo und was er dort machte, deuten darauf hin, dass er auch schon Rekruten ausgebildet hat. Die Männer, vor denen er dort steht, sehen jünger aus als er, und er hatte ja die Grundausbildung schon hinter sich. Auf einem kleinen Foto stand: »Endlich Abfahrt ins Quartier (Ende 1935)«. Hatte er sich da schon für die Aufnahme an der Ordensburg beworben? Ich vermute, dass es so gewesen ist.

In der »Enzyklopädie des Nationalsozialismus«[25] las ich: »Der Bevölkerung wurde nahe gelegt, auch ohne Anweisungen ›von oben‹, die ›vermuteten‹ Ziele des Führers zu fördern.« Ein NS-Funktionär (1934): »Jeder, der Gelegenheit hat, das zu beobachten, weiß, dass der Führer sehr schwer von oben her alles das befehlen kann, was er für bald oder für später zu verwirklichen beabsichtigt. Im Gegenteil, bis jetzt hat jeder an seinem Platz im neuen Deutschland am besten gearbeitet, wenn er sozusagen dem Führer entgegenarbeitet. Es ist die Pflicht eines jeden. Wer dem Führer in seiner Linie und zu seinem Ziel richtig entgegenarbeitet, der wird bestimmt wie bisher, so auch in Zukunft, den schönsten Lohn darin haben, dass er eines Tages plötzlich die legale Bestätigung seiner Arbeit erhält.« Hatte sich der Vater entschieden, dem Führer als Zimmermann entgegenzuarbeiten, und 1935/36 womöglich die Ordensburg in Crössinsee mit aufgebaut? In dem Fotoalbum seiner Mutter stieß ich auch auf ein Foto, das er ihr offenbar voller Stolz geschickt hatte, um ihr zu zeigen, dass er aus seinem Leben etwas mache, dass er sich als qualifiziert dafür erwiesen habe, ein Junker zu werden. Wollte er ihr, die ihn als kleinen Jungen »abgeschoben« hatte, Anerkennung abtrotzen? Die Aufnahme vom Frühjahr 1936 zeigt ihn jedenfalls in einer Arbeitshose und mit Zimmermannswerkzeug vor der Schulungshalle der Ordensburg.

Wie konnte ich mehr darüber herausfinden, was damals im Kopf des Vaters vorgegangen war? Was ihn angetrieben hatte, und zwar nicht als Mitläufer, sondern, wie immer deutlicher wurde, als überzeugten, soldatischen Nationalsozialisten?

8

Vier Jahre nach dem Tod des Vaters entschloss ich mich, nach Crössinsee zu fahren, das heute Krosino heißt. – Ein seltsames Gefühl stieg in mir hoch. Mir stand ein weiterer wichtiger Schritt auf dem Lebensweg des Vaters bevor, und das machte mir Angst. Ich bat Freunde, mich auf der Reise dorthin zu begleiten. Diese Hilfe wurde mir einerseits von einem Bekannten verweigert, der sagte: »Was habe ich mit dem Nazikram zu tun?« Andere wiederum boten mir großzügig Hilfe an. Und doch fuhr ich allein und begann die Reise zu planen. Auf dem polnischen Konsulat in Hamburg war zwar von einer NS-Ordensburg nichts bekannt, als ich dort anrief. Die Information, es könnte sich um die Falkenburg handeln, die aber total zerstört sei, brachte mich nicht weiter. Sie war auch falsch. »Die Ordensburg Crössinsee *bei* Falkenburg«, so war sie in NS-Unterlagen ausgewiesen, und unter diesem Namen sollte ich sie später auch finden. Das Konsulat war im Frühjahr 2002 offenbar total überlastet durch eine Hochwasserkatastrophe. Man hatte andere Sorgen. Da ich aber den Film über die Burg gesehen hatte, wusste ich, dass es sie noch gibt und dass sie noch zu zwei Dritteln so erhalten ist wie 1936, als sie in Hitlers Anwesenheit eingeweiht wurde. So fuhr ich los, nicht mit »Sturmgepäck« wie der Vater damals, auf dem Weg in ein besser gedachtes Leben, sondern mit einer Flaute im Herzen.

Auf der Fahrt nach Krosino, mit dreimaligem Umsteigen, wurden die Bahnhöfe immer kleiner. Meine Tochter hatte gesagt: »Du verschwindest mir nicht irgendwohin, wo ich dich nicht anrufen kann«, und so hatte ich mir mein erstes Handy gekauft. Sie erreichte mich dann zu meiner großen Freude kurz vor meiner Ankunft in Szczecin. Ihre Anteilnahme tat mir gut, und ich empfand sie als Zeichen der Solidarität. Was dachte sie wohl, warum ihre Mutter dorthin unterwegs war? Sie hatte kaum danach gefragt, vielleicht aus einer Scheu heraus. Was ängstigte sie? Dass sie sich womöglich, wenn das Buch erscheinen würde, für ihren Großvater schämen müsste? Aber ich hatte ihr ja schon versucht zu erklären, dass ich den Gründen nachgehen wollte, warum er sich »dieser Sache« angeschlossen hatte. Dass es mir nicht ausreichte, was ich immer gehört hatte: es seien damals eben andere Zeiten gewesen, und Millionen Deutsche hätten bereitwillig mitgemacht.

Damals, als ich im Zug nach Polen saß, dachte sie an mich, und es tat mir gut, als sie mich anrief, denn was auf mich zukam, weckte zwar Neugier in mir, machte mich aber auch unsicher. Ich stemmte mich immer noch dagegen, mein Vorhaben als berechtigtes Interesse zu akzeptieren. Eher fühlte ich mich wie eine Voyeurin, die sich etwas anschauen wollte, mit dem sie selbst nichts zu tun hatte – schließlich war es ja *seine* Sache. Bei mei-

nen Recherchen hatte ich festgestellt, dass es wenig Unterlagen darüber gibt, welche Schulungen auf diesen Ordensburgen stattfanden. Herr Arntz berichtete mir später, nach seinem Wissen seien Schulungsmaterial, Lehrpläne und auch Angaben, wer dort Vorträge zu welchen Themen hielt etc., kurz vor Kriegsende, als schon keine Schulungen mehr stattfanden, von dem dort noch arbeitenden Personal vernichtet worden. Sollte das Elitäre dieser Burgen, nach dem Ideal der mittelalterlichen Ritter absichtlich mythisch aufgewertet, geheim bleiben?
An einiges, was der Vater mir, als ich ein kleines Mädchen war, berichtet hatte – wie immer theatralisch »vorgetragen« –, konnte ich mich während der Zugfahrt erinnern. Zum Beispiel hatte er mir von den Völkerwanderungen erzählt, unter anderem, dass die Finnen und die Ungarn eine gemeinsame Wurzel hätten, die an ihren sprachlichen Gemeinsamkeiten zu erkennen sei. Auch der Begriff »indogermanisch« war gefallen, als er von diesen Völkerwanderungen vor Tausenden von Jahren gesprochen hatte. Einmal hatte er auch Galilei erwähnt. Der, so sagte er, habe nachgewiesen, dass die Bibel in einigen Punkten irre. Nicht die Sonne drehe sich um die Erde, sondern die Erde um die Sonne. Diese Erkenntnis habe ihn vor die Inquisition gebracht. Er sei bis zum Ende seines Lebens zu Arrest verurteilt worden. Aber – so der Vater, und ich meinte, ihn vor mir zu sehen, als er mit erhobenem Arm, wie zu einem Schwur, eine Breitseite auf die Kirche abfeuerte: »›Und sie bewegt sich doch!‹, sagte Galilei. Die Kirche musste klein beigeben.«

Das stimmte so nicht, wie ich später beim Nachlesen erfuhr. Galilei hatte aus Angst vor Folter seiner Lehre abgeschworen. Aber er forschte weiter, unterrichtete seine Schüler und hinterließ viele Schriften, die seine Erkenntnisse bestätigten. Was gehörte noch zum Lehrplan? Die Art, Gelerntes weiterzugeben, sicher. In Rhetorik wurden die Junker geschult, damit sie später an ihren politischen Bestimmungsorten als nationalsozialistische Führer überzeugend die Ideologien vermitteln konnten, die sie dort gelernt hatten. Mir wurde klar, weshalb ich ihn oft »komisch« nannte, wenn er zu mir als kleinem Mädchen so emphatisch sprach, und warum ihn das so rasend machte. Offenbar, weil ich sein »Wissen« so nicht annahm, seine »Führungsqualität« durch meine Frage »Warum sprichst du denn so komisch mit mir?« anzweifelte. Auch von dem Neandertaler hatte er erzählt. Und von dem Cro-Magnon. Vom Homo sapiens und vom Homo erectus. Und dass der Mensch vom Affen abstammt und erst zum Menschen wurde, als er mit dem Feuer umgehen konnte. All das interessierte mich schon als kleines Kind. Aber er hatte es mir immer so »vorgetragen«, als wollte er eigentlich nicht *mir* etwas mitteilen, sondern sich selbst etwas beweisen.

Bis kurz vor Kriegsende gaben die Ordensburgen unter dem Titel »Die Burggemeinschaft« Informationshefte heraus, in denen alles festgehalten wurde, was die Junker betraf, die meist im Krieg waren. Hatte der Vater sie auch erhalten? In meinem Elternhaus habe ich solche Hefte nie gesehen. Herr Sawinski lieh mir einige Exemplare; sie machten mir den »Informationsfluss« deut-

lich, der bis zum Kriegsende auf den Ordensburgen funktionierte. Die Hefte enthielten genaue Angaben über Eheschließungen, familiären Zuwachs und Auszeichnungen. Erschütternd fand ich, dass auch der Heldentod als eine Auszeichnung dargestellt wurde.
In der Ausgabe vom September 1940 war unter der Rubrik »Kinder kamen an« über den Vater vermerkt: »O.J.[Ordensjunker] H. eine Tochter« (das war ich). Aber auch, im Heft »Burggemeinschaft« von 1944 (Folge 7/9), welche Auszeichnungen der Vater bis dahin bekommen hatte: Verwundetenabzeichen in Schwarz, Erdkampfabzeichen der Luftwaffe, Ärmelband Kreta, Fallschirmschützenabzeichen, Verwundetenabzeichen in Silber, Eisernes Kreuz zweiter Klasse und die Ostmedaille. Nie hatte er in meiner Gegenwart erwähnt, dass er in Russland gewesen war. Wie ich später von der Deutschen Dienststelle erfuhr, war er Ende 1941, also nach seinem Einsatz auf Kreta, über Belgrad nach Smolensk abkommandiert worden.
Mir fiel ein, dass er einmal gesagt hatte: »Wenn der Balkan brennt, brennt Europa.« Da sollte er Recht behalten. Nicht erwähnt hatte er damals, wie es zu dem europäischen Flächenbrand gekommen war, der am 1. September 1939 mit dem Überfall auf Polen begonnen hatte. Später sah ich in Dokumentationen den Brandstifter Hitler schreien: »Seit 5.45 Uhr wird zurückgeschossen!« Zwei Verwundungen, Handdurchschuss und Fingerdurchschuss, wurden in den Lazaretten Banimza und Rshew behandelt, von dort wurde er in ein Reservelazarett in Neustrelitz verlegt. Nach kurzer Zeit meldete er sich wieder verwendungsfähig und

wurde nach Stendal abkommandiert zum Fallschirmjäger-Ergänzungsbatallion (Schulungen). Später folgten Einsätze in Italien. Bei der Befreiung Mussolinis, der auf dem Gran Sasso interniert war, hatte er 1943 – wie erwähnt – den Lungensteckschuss bekommen. Dann, nach mehreren Lazarettaufenthalten, Einsätze in Holland und Frankreich. 1945, im Frühjahr: amerikanische Gefangenschaft.
Alle diese Informationen hatte ich schon, als ich im Zug nach Krosino saß, wo sein nationalsozialistisches Leben für ihn richtungsweisend geworden war. Stets hatte ich den Grund geahnt, warum er und ich niemals über »die Sache« gesprochen hatten. Bei mir konnte er mit seiner Überzeugung keinen Blumentopf gewinnen, wie man in Berlin sagt. So blieben wir eben im Schweigen stecken. In seiner Nazigeschichte, die nie aufgearbeitet wurde, obwohl sie hätte aufgearbeitet werden müssen. Mit der von den Alliierten durchgeführten »Entnazifizierung« 1948, die der Vater durchlaufen musste, war es sicher nicht getan. Eher wurde damals von der Siegerjustiz gesprochen. Daran änderten auch die Nürnberger Prozesse nichts, die wir erst viele Jahre später, als es Fernsehen gab, verfolgen konnten. Der Vater und ich saßen damals vor dem Fernseher, als den ehemaligen »Nazigrößen« die begangenen Verbrechen vorgeworfen wurden. Sie standen vor dem Tribunal und wurden wegen ihrer Schandtaten, all der Gräuel, angeklagt. Die Mutter seufzte, als Göring ansetzte, sich zu verteidigen, noch immer in Uniform, wenn nun auch ohne »das Lametta«, wie sie bemerkte. Noch heute klingt mir der Satz in den Ohren, mit dem sie das

Zimmer verließ: »Bis zum Ende dieser Chose große Pose, große Pose.«
Der Vater und ich blieben wie immer schweigend zurück. Sein Gesicht war wie versteinert, als er leise und beinahe nur zu sich selbst sagte: »Diese Strolche, sie haben uns alle belogen und betrogen.«
Aber ich vernahm kein Mitgefühl, keine Stellungnahme, kein Bedauern, wie ich es mir von ihm wünschte, erhoffte. So blieb die Tür zu ihm, die in jenen Stunden vielleicht wieder einmal eine Chance gehabt hätte, sich ein wenig zu öffnen, weiter zu. Nein, aufgearbeitet war dieser Albtraum nicht! Und so konnte der Ungeist Adolf Hitlers weiterhin in den Köpfen vieler Deutscher, so auch in seinem, festsitzen. Man entschied sich zu dieser »Schlussstrichmentalität«. Eine *re-education*, wie sie von den Alliierten geplant war, lief ins Leere.
In Alfred Döblins Autobiografie »Schicksalsreise« (1949) heißt es: »Hier lebt unverändert ein arbeitsames, ein ordentliches Volk. Sie haben, wie immer, einer Regierung, so zuletzt dem Hitler, pariert, und verstehen im Großen und Ganzen nicht, warum Gehorchen diesmal schlecht gewesen sein soll. Es wird viel leichter sein, ihre Städte wieder aufzubauen, als sie dazu zu bringen, zu erfahren, was sie erfahren haben, und zu verstehen, wie es kam.«
Eine weitere Erinnerung holte mich im Zug nach Szczecin ein. Ich war 1961 nach einem Bühnenunfall in Schweden, wo ich drei Jahre lang als Tänzerin gearbeitet hatte, in mein Elternhaus nach Berlin zurückgekommen. Das Tanzen musste ich nach dem Unfall aufge-

ben, und so hatte ich mich mit meinen englischen, französischen und schwedischen Sprachkenntnissen bei der Deutschen Lufthansa als Stewardess beworben und bereits die Aufnahmeprüfung bestanden. Der Termin für die Schulung stand noch aus. In der Zwischenzeit machte ich eine Ausbildung in Stenografie und Schreibmaschine bei der Rackow-Handelsschule, was mir später sehr nützlich sein sollte, und jobbte als Fremdenführerin für ein schwedisches Reisebüro, um dem Vater nicht auf der Tasche zu liegen.

Adolf Eichmann war 1960 in Argentinien gefasst worden, und das Fernsehen übertrug 1961 den Prozess. Zunächst wollten die Eltern sich *das* nicht ansehen. Es war klar, dass der Prozess Beweise liefern würde, das heißt Filmmaterial über die Vernichtung der Juden in den Konzentrationslagern und auch Zeugenaussagen. Die Eltern reagierten, wie auch schon Jahre zuvor, eher so, als seien sie wütend auf die Juden, weil die Schilderungen ihrer Schicksale sie immer wieder mit der Schuld konfrontierten, die sie sich nicht eingestehen wollten. Ich erinnerte mich, dass der Vater vorher schon oft auf die Schuld anderer, zum Beispiel die der Buren, hingewiesen hatte. Damals war ich einundzwanzig Jahre alt und bestand darauf, dass wir den Eichmann-Prozess gemeinsam im Fernsehen verfolgten. So sahen wir diesen Verbrecher, der jahrelang unbehelligt, offenbar unterstützt durch noch immer funktionierende Nazi-Seilschaften, in Argentinien untergetaucht war und den dort der israelische Geheimdienst (Mossad) in seiner armseligen Unterkunft aufgestöbert hatte, um ihn in Israel vor Gericht zu stellen. Eichmann wurde in einem

schusssicheren Glaskäfig verhört. Unerträglich waren seine Schilderungen aus jener Zeit, ohne jegliches Bedauern, ohne Mit-, Schuld- und Schamgefühl für das Leid, das er Millionen Menschen angetan hatte. Die gezeigten Aufnahmen, 1945 von den Alliierten gefilmt, als sie die Überlebenden befreiten, sah er sich ohne jegliche Regung an. Und immer wieder hörte ich, wie dieses Monster, das nun, ohne Uniform, ohne Lederstiefel, ohne Peitsche und ohne scharf abgerichteten Schäferhund, wie ein armseliger Wicht aussah, beteuerte, dass er sich nicht schuldig fühle. Eichmann schien noch immer im Korsett des blinden Gehorsams zu stecken, das ihn weiterhin »strammstehen« und sagen ließ: »Ich habe nur Befehle ausgeführt.«
Da saßen wir in den bequemen Sesseln, und der Horror und diese Barbarei, die uns vor Augen geführt wurden, würgten Übelkeit in mir hoch und plötzlich auch eine Wut, die immer unausgesprochen geblieben war. Ich riss die Fenster auf, weil ich keine Luft mehr bekam. Mir fiel ein, wie ich in Schweden als »djävla tyskana« und von den Engländerinnen in dem internationalen Ballett als »bloody German« beschimpft worden war. Hilflos hatte ich mich gefühlt. Auf solche Attacken war ich nicht vorbereitet gewesen. Ich hatte den Eltern nie von diesen Erlebnissen geschrieben. Damals in Schweden, ich war neunzehn, zwanzig Jahre alt, flüchtete ich aus dem Raum, als sie mich angriffen. Wegen »der Sache«, die nun in aller Grausamkeit zu sehen war. Und plötzlich schrie ich los: »Davon habt ihr nichts gewusst? Das glaube ich euch nicht.« Meine Mutter fing an zu weinen. »Uns hat man gesagt, die seien da in

Schutzhaft, um umerzogen zu werden. War es nicht so, Werner?«

Da saßen wir nun in diesem Zimmer, sahen den Eichmann im Glaskäfig, und um uns herum schien sich eine eisige Kälte auszubreiten, Ausdruck des ewigen Schweigens in unserer Familie, das ich in meiner Kindheit immer gespürt hatte, aber mir nie erklären konnte. Antworten konnten auch die kleinen chinesischen Figuren, die drei Affen, in meinem Elternhaus nicht geben: »Nichts sehen, nichts hören, nichts sagen.«

»Wenn du mich weiter so vor dir hertreibst, dann springe ich vom Balkon«, schrie der Vater. Und tatsächlich, so fiel mir im Zug ein, hatte ich ihm geantwortet: »Dann spring doch.« (Wir wohnten damals im dritten Stock.) Er warf sich auf den Teppich, und ich schleuderte ihm entgegen: »Dein Führer, so habe ich gelesen, der hat auch immer in den Teppich gebissen.«

Ich glaube, ich spürte damals schon Wut auf Hitler. Wut, die sich lange vorher angestaut hatte, die sich nie anmelden durfte und die ich nicht definieren konnte. Eben weil alles in meiner Kindheit in Unordnung war, in der mir wieder eine Ordnung aufgezwungen wurde, die im Grunde nicht stimmte. »Ordnung ist das halbe Leben«, hatte ich ihn immer schreien hören. Und ich hätte gern schon damals gefragt: »Und was ist mit der anderen Hälfte?«

Er stand damals auf und ging zum Fenster. Ich vergaß nie, was er dann, unter Tränen, leise sagte: »Wer seinen Kindern gibt das Brot, den schlagen sie mit der Keule tot.«

Ja, er hatte immer gesagt: »Viel können wir euch nicht

mitgeben in dieser Zeit, denn uns ist nicht viel geblieben. Aber ihr sollt eine gute Ausbildung bekommen, koste es, was es wolle, denn die wird euch niemals jemand nehmen können.« So sollte es auch kommen. Aber damals war zunächst wieder einmal Schweigen angesagt.

Drei Tage später kam der Bescheid für den Lehrgang bei der Lufthansa in Hamburg. Ich kann mich nicht erinnern, wie wir uns damals voneinander verabschiedeten. Nur dass ich froh und erleichtert war, nun zum zweiten Mal in meinem Leben Berlin und mein Elternhaus verlassen zu können. Ich vermisste es damals nicht, dass kein Gespräch stattgefunden hatte. Wie hätte es geführt werden können, und wohin hätte es geführt? Ich wollte vor allem nur weg von ihm. Den Grund verdrängte ich weiterhin.

Vierzig Jahre später und drei Jahre nach seinem Tod saß ich nun im Zug nach Krosino auf dem Weg zu dieser Ordensburg, wohin er voller Tatendrang und Ehrgeiz aufgebrochen war. Dort, wo aus dem »deutschen Soldaten« der »neue deutsche Mann« gemacht werden sollte, ein »ganzer Kerl«, für den vor allem eines galt: Er musste »seinen Mann stehen, Haltung zeigen und Treue beweisen«, wie ich Hermann Göring in einer Dokumentation tönen hörte, »bis zum Untergang«. Mir fiel ein, dass der Vater mir einmal von einem Hagen aus der Nibelungensage erzählt hatte: »Darum geht es, mein Kind. Der war auch treu. Getreu bis in den Tod.« Dem Buch »Wir waren Hitlers Eliteschüler« hatte ich schon entnommen, dass es bei der nationalsozialistischen Erziehung vor allem darum ging, »Rädelsführer«

zu finden. Eben die, die andere mitreißen, begeistern konnten. Ich meine heute, dass auch der Vater diese Begeisterung in sich getragen hatte, die für den nationalsozialistischen Ungeist nötig gewesen war.
Die Sonne ging auf an diesem Morgen, als ich durch Polen fuhr. Die Landschaften flogen wie tröstende Begleiter vorbei. Schöne Wälder und weite, wenn auch nicht bestellte Felder. Mit mir im Abteil, zwei Reihen schräg vor mir, saß nur eine alte Frau. Ein schwarzes Kleid trug sie und ein dunkles Kopftuch. Sie öffnete einen Korb und nahm ein gebratenes Huhn heraus. Sie biss ein Stück ab, und das Fett lief ihr über das Kinn. Sie schien es so richtig zu genießen. Ich sah aus dem Fenster, um sie nicht dabei zu stören.
Mir fiel ein, welche Zeit der Entbehrungen die Eltern nach Kriegsende durchlebt hatten. Sie waren ja noch so jung gewesen. Ich hatte nie mit ihnen darüber gesprochen, ob sie eigentlich auch Träume, Sehnsucht danach gehabt hatten, auch einmal etwas zu genießen. Wie waren sie sich begegnet, welches Stück Weg gingen sie danach miteinander, bis dann geschah, was ich als Kind sehr wohl wahrnahm: dass ihnen ihre Liebe mehr und mehr abhanden kam. Das bedrohte mich damals sehr, weil es mir eine Sicherheit nahm, in all der Unsicherheit, in der wir alle miteinander lebten. Wäre es für die Eltern eine Hilfe gewesen, wenn sie das Buch »Abwesende Väter« von Hartmut Radebold[26] gelesen hätten? »Groß waren die Schwierigkeiten der Frauen, sich nach dem Krieg, aus dem die Männer mit ihren psychischen und physischen Beschädigungen, Verwundungen und den Verrohungen zurückkamen, wie-

der einzurichten und zusammenzufinden. Die Familiengeschichte zeigt zunächst bezüglich der Ehen von Männern und Frauen deutliche Unterschiede. Fast alle Männer waren verheiratet (in der ältesten und mittleren Gruppe jeweils mit neunundzwanzig, in der jüngsten mit siebenundzwanzig Jahren). Bei der mittleren und jüngsten Kohorte erfolgt in der Kriegs- und insbesondere Nachkriegszeit in jeweils zwanzig Prozent eine Scheidung.«
Das Buch hätte ihnen zeigen können, dass es ihnen nicht allein so gegangen war, als sich alle nach »der Sache« im Grunde allein gelassen fühlten und niemand wusste, wie es nun weitergehen sollte. Kein »Führer« war mehr da, der eine Antwort gab.
Plötzlich war mir, als säße der Vater neben mir im Zug. War ich deshalb allein losgefahren, um mich ungestört mit all diesen Gedanken auf die Suche nach ihm zu machen – zu dieser ehemaligen NS-Ordensburg, die für ihn 1936/37 zu einem Ort des Aufbruchs wurde? Zum Ausgangspunkt einer Odyssee, die ihn nach all den Kriegseinsätzen wieder in die Familie zurückführte, in der er dann hoffte, aufgefangen zu werden, als alles gescheitert war?
Schon zu diesem Zeitpunkt ahnte ich, dass ich nach dieser Reise doch noch einen weiteren Schritt machen musste, um Klarheit zu bekommen. Ich musste noch weiter in meiner Erinnerung in das Berlin nach 1945 zurückkehren. Denn die Gedanken, die mir jetzt kamen, schienen wieder durcheinander zu laufen mit den Bildern, mit den Gefühlen, die in mir hochstiegen aus der damaligen Zeit. Ich spürte Widerstand in mir, mich

diesen Fragen zu stellen. Aber in jener Zeit mussten viele Antworten auf Unerklärliches zu finden sein, das ich über Jahrzehnte in mir, genauer: *mit* mir herumgetragen hatte.

Auf dieser Fahrt durch den Frühling, den ich überall sah, wenn ich aus dem Zugfenster schaute, wurde mir klar: Zum ersten Mal bin ich in Polen. Da war kein Gedanke, dass das einmal Pommern, ein Teil Deutschlands, gewesen war. Nationale Gefühle waren mir immer fremd gewesen, und ich fragte mich: Warum eigentlich? Unbewusst hatte ich alles typisch »Deutsche« immer gemieden. Ein Schwede hatte mir 1960 einmal zynisch entgegengerufen: »Deutscher Goethe, deutscher Schiller, deutscher Mercedes, deutscher Schäferhund, wuff wuff, Heil Hitler!« Ich hatte mehrere Hunde in meinem Leben, niemals aber einen deutschen Schäferhund. War ich belastet durch die Fotos, auf denen die Nazis, vor allem die SS, immer mit diesen Hunden (meist an kurzer Leine) zu sehen waren? Schäferhunde, so weiß ich, sind gute Blindenhunde und oft im Einsatz bei der Verbrechensbekämpfung. Sie sind weder gut noch böse. Sie werden zu guten oder bösen Tieren abgerichtet, wurden in jenen Zeiten eben im Einsatz *für* das Verbrechen missbraucht. Ich war auch nie in einem Verein, noch nicht einmal in einem Turnverein, weil ich das Vereinswesen, diese deutsche Vereinsmeierei mit ihren Vereinssatzungen, ihren Ersten und Zweiten Vorsitzenden und den Richtlinien, denen man zu folgen hatte, immer ablehnte. Vor allem die Spielmannszüge fand ich immer bescheuert. Wenn da einer voranmarschierte, womöglich noch mit einer Fahne,

und alle anderen liefen hinterher. Mit Dschingdera und Bumdera, mit Trommeln und Trompeten.
Nur einmal war es schön. Das muss in jenen grauen Zeiten gewesen sein, vielleicht 1948, in denen es für uns Kinder nicht viel Buntes gab. Wir hatten einen kleinen Garten in einer Laubenkolonie (ein großes Glück in diesen harten Jahren nach dem Krieg, weil er eine Grundversorgung bot), und dort machten die Laubenpieper ein Kinderfest. Ein Mann in einem lustigen Kostüm, auf dem Kopf einen Hut mit einer Feder dran, lief vor uns her. Er hatte eine kleine rote Pappnase aufgesetzt und warf uns Bonbons zu. Das war natürlich ein Grund, ihm hinterherzulaufen, diesem fröhlichen »Onkel Pelle«, der uns Freude machen wollte, was ihm auch gelang.
An Onkel Pelle dachte ich und fragte mich, weshalb er gerade jetzt plötzlich in meiner Erinnerung auftauchte. Aber so ungewöhnlich war das vielleicht gar nicht, denn ich war zu dieser Reise mit einem Teil meiner Kindheit aufgebrochen, den ich irgendwann einmal zurückgelassen hatte. In jener vergangenen Zeit, als der Vater mich anschrie, weil ich wieder einmal nicht gehorcht hatte: »Du bist nichts. Nimm dich nicht so wichtig. Aus dir wird nie etwas werden.«
Ich schob diese Erinnerungen weg, um einem anderen Gefühl Raum zu geben. Es schien ein Schamgefühl zu sein wegen des Leids, das das Naziregime dem polnischen Volk angetan hatte. Dem verhängnisvollen Wahnsinn der Lebensraumpolitik fiel Polen 1939 als erstes Land zum Opfer. Die »Polacken«, wie ich es als Kind oft gehört hatte, die für die Nazis »Untermen-

schen« waren, nützlich vor allem als Arbeitssklaven. Ich dachte an ihre Kultur, ihre Musik, die Schriftsteller, Träger ihrer Intelligenz, die, wie ich es dann in den immer häufiger im Fernsehen gezeigten Dokumentationen verfolgen konnte, in Arbeitslager verschleppt oder in Konzentrationslagern umgebracht wurden. Von NS-Rotten, vor allem den SS-Eingreifgruppen, angetrieben von einer Ideologie, für die auch der Vater angetreten war als Junker auf der Ordensburg Crössinsee.

Mich machten diese Gedanken plötzlich so hilflos, so mutlos, diese Reise fortzusetzen, dass ich den Zug bei der nächsten Station verlassen wollte, um umzukehren. Aber der nächste Bahnhof war schon Szczecin. So stieg ich aus, und die Suche ging weiter.

An der Rezeption des Radisson-Hotels, das ich von Hamburg aus gebucht hatte, war keine Information zu bekommen. Die Burg, das könne nur die Falkenburg sein, und die sei zerstört, sagte man mir auch dort. Ich fragte nach einem Fahrer, mit dem ich mich auf den Weg machen könnte. Man verwies mich an die Taxifahrer. So traf ich Kazimierz, der vor dem Hotel in einem Taxi saß. Ich erkundigte mich, ob er je etwas von dieser Ordensburg gehört habe. Nein, lautete seine Antwort, und so fragte ich ihn, ob er mir helfen wolle, sie zu finden, und wie viel das kosten würde. Er habe vor einiger Zeit zwei Frauen, Amerikanerinnen, gefahren, erwiderte er, die auf der Suche nach einem Haus gewesen seien, in dem sie in ihrer Kindheit gewohnt hätten. Für diese Fahrt habe er hundertzwanzig Mark berechnet. Dafür würde er auch mich fahren. Wir verständigten uns in englischer Sprache, die er sich, wie er sagte,

selbst beigebracht hatte. Da ich kein Wort Polnisch spreche, war das sehr hilfreich.
So fuhren wir los, und Kazimierz fragte sich mit mir und für mich durch von Falkenburg nach Krosino. Und nicht nur das, denn auf der Fahrt erzählte er mir viel vom Leben der polnischen Bevölkerung. Vor allem von ihrer Hoffnung, bald der EU beizutreten, damit sich die Lebensbedingungen, die mehr als desolat seien, endlich verbessern würden. Er erzählte, dass es keine Arbeit gebe, die gesundheitliche Versorgung katastrophal sei und die Kinder keine richtige Ausbildung bekämen. Auch für sein behindertes Kind biete der Staat keine Förderung an. Seine Frau tue aber ihr Bestes, um ihrem kleinen Sohn Lebensmut zu geben. Mich beeindruckten seine Schilderungen und sein Wissen um die wirtschaftlichen Zusammenhänge. Es werde auch für Polen wieder eine bessere Zeit kommen, meinte er sehr bestimmt, aber nur durch die EU und hoffentlich bald.
Als wir um die Ecke eines kleinen Wäldchens bogen, erkannte ich bereits die ehemaligen Kameradschaftshäuser, die ich auf dem Videofilm gesehen hatte, und auch den Turm. Wir stiegen aus dem Auto und standen auf den alten, noch erhaltenen Sandsteinplatten, auf denen auch schon der Vater marschiert war und exerziert hatte.
Ein Zug junger polnischer Soldaten kam uns entgegen. Wieder im Gleichschritt marschierend, mit geschultertem Gewehr und singend. Ich dachte: »Der Wahnsinn hört nie auf.« Vor der Reise hatte ich in einer Fernsehdokumentation zum Überfall Nazi-Deutschlands auf

Polen gesehen und erfahren, dass Polen der Deutschen Wehrmacht hoffnungslos unterlegen war. Die militärische Ausrüstung stammte teilweise noch aus dem Ersten Weltkrieg. Wie hätten sie sich gegen die damals schon hochgerüstete Wehrmacht verteidigen können? Da half auch aller Mut nichts, sie wurden überrannt, einkassiert, und bald breitete sich der braune Terror aus, als die Sturzbomber über Warschau gezielt jüdische Wohngebiete (Skizzen wurden gezeigt) bombardierten und kurz darauf, durch Himmler und Heydrich perfekt organisiert, die demütigenden Verfolgungen, die Deportationen und der Beginn des Genozids im Warschauer Getto gnadenlos durchgezogen wurden. Die Bilder der geschundenen Bevölkerung und auch die der SS-Schergen hatten mich, als ich diesen Bericht sah, fast resignieren lassen, weiter zu gehen auf meinem Weg, auf dem ich den Vater finden wollte.
Die gezeigte Brutalität und Erbarmungslosigkeit, mit der deutsche Soldaten auf die Menschen einprügelten, Mütter von ihren Kindern rissen und alte Menschen mit Tritten und Schlägen zusammentrieben, hatten auch mehr als fünfzig Jahre danach eine erschütternde Brisanz, wenn auch die meisten Menschen, die das hatten erdulden müssen, nicht mehr lebten. Oder gerade deshalb! Und wieder fragte ich mich, ob ich es schaffen könnte, ein Verständnis für den Weg, den der Vater gegangen war, herzustellen. Später sollte ich noch viele andere Dokumentationen sehen, für die ich mich vorher nie interessiert hatte und die mir einerseits meine Wissenslücken, was diese Zeit betraf, deutlich machten, andererseits aber auch eine Erklärung boten, wa-

rum ich diesem Teil der Geschichte Deutschlands immer ausgewichen war. Es war einfach zu grauenvoll, machte mir Angst und ließ ein Interesse an den Hintergründen, den Zusammenhängen schwer aufkommen. Nun stand ich also vor einer dieser drei Ordensburgen, die nur dafür gebaut worden waren, junge Männer »auszubilden«, die neuen Herrenmenschen, die in Führungspositionen, welche auch immer, für »Ordnung«, Durchführung und Durchsetzung der Pläne Hitlers zu sorgen hätten. Es stellte sich für mich die Frage, ob der Vater von diesen Details wusste.

Bedauerlicherweise konnten wir nur Einblicke in die Ordensburg bekommen, betreten durften wir sie nicht, da ein großes Manöver stattfand. Es wimmelte förmlich von Militär und dekorierten Offizieren, die wieder junge Soldaten in die Pflicht nahmen. Bis dahin hatte Kazimierz mich nicht gefragt, was ich hier eigentlich suchte. Das tat er nun, denn er meinte, wir hätten militärisches Gebiet betreten, und das sei nicht ganz ungefährlich. Nach unseren bis dahin geführten Gesprächen hatte ich Vertrauen zu ihm. Ich erzählte ihm, warum ich zu dieser Ordensburg gefahren war. Er hörte sich das ohne jede Bewertung an. Meinte nur kurz und ergriff dabei meine Hand: »Ein Buch schreibst du also? Dann schreib es auch gut für Polen.« Danach sprach er ein altes Ehepaar an, das vor der Eingangsschranke stand. Die beiden warteten, wie ich erfuhr, auf ihren Enkelsohn. Immer wieder blickten sie zu mir herüber, als sie mit Kazimierz sprachen. Dann erzählte er mir von einem Fotoladen in Falkenburg. Dort, so das Ehepaar, könnten wir aus der damaligen Zeit mehr erfahren.

Ich bat ihn, auf mich zu warten. Ging einige Wege, auf denen auch der Vater damals gegangen war. Sah auf die Gebäude und spürte beinahe seine Gegenwart. Hätte er mir wieder erzählt, dass es damals andere Zeiten waren? Das allein konnte keine Erklärung mehr sein. Eher wohl, dass es die Zeit war, von der er sich eine Zukunft erhofft hatte. »Hätten wir den Krieg gewonnen, hießen wir heute *von* H.«, hatte er mir einmal gesagt. Sah er das wie einen Ritterschlag vom Junker zur Führungskraft? In diesem Moment – es war wie ein erster kleiner Schritt zu ihm – meinte ich, seine Sehnsucht nach einer Perspektive verstehen zu können. Aber eben nicht, weshalb es ihm nicht möglich gewesen war, nach »der Sache« zu der Erkenntnis seines Irrwegs zu kommen und diese auch mitzuteilen.
Ich ging zurück zu Kazimierz, und wir fuhren nach Falkenburg, um den Fotoladen zu suchen. Der Besitzer des Geschäfts, ein großer, etwa siebzig Jahre alter Mann, fragte mich in perfektem Deutsch, was ich wollte. Ich könne es ihm ehrlich sagen. Als ich ihm mitteilte, dass ich auf der Suche nach einem Stück Lebensweg meines Vaters sei, bat er mich in eine Ecke des Ladens. Aus einem Schuhkarton holte er einige Fotos und dazu noch einige Postkarten. Ich fragte nicht, woher er sie hatte. Auch nicht, weshalb er so gut Deutsch sprach und wie er zu »dieser Sache« von damals stand. Es schien mir nicht angebracht. Ein paar Złoty wollte er, mehr nicht. Das war wenig, aber mir gaben die Fotos und Postkarten weitere Informationen. Dann bekam ich noch einen Tipp von ihm. Es gebe ein Buch über diese Ordensburg, herausgegeben von einem Verlag in

Bad Segeberg. Dort wurde ich zwar nicht fündig, aber es stellte sich heraus, dass dieses Buch und noch ein anderes über Ordensburgen veröffentlicht worden waren. Die späteren Kontakte zu den beiden sehr hilfsbereiten Autoren Rolf Sawinski und Hans-Dieter Arntz, die Bücher über die Ordensburgen veröffentlicht haben, führten zu immer neuen Erklärungen, Entdeckungen und Informationen über diese Junker, wie sie damals dort gewohnt und gelebt hatten. Die Fotos zeigten in Reih und Glied angetretene, stramm stehende Junker. Mit diesem stählernen Blick guckten sie auf alles, was so hehr, pathetisch und untermauert von einer perfekten, gigantomanischen Dramaturgie aussah. Vor diesen Bauten, mit den Lichterdomen, die mich von Anfang an abgestoßen hatten, weil sie für mich nichts als Blendwerk waren. Täuschung, die dazu dienen sollte, dem Volk etwas Großes, Mächtiges zu demonstrieren, damit alle kontrolliert, auf »Linie« gehalten werden konnten. Ausstaffiert mit Uniformen und dekoriert mit Orden, um diese Macht plakativ zu demonstrieren. Das konnten sie, die Nazis, das muss man ihnen lassen. Sie waren auch perfekte Kostümbildner. Mich erinnerte das plötzlich auch an die pompöse Dramaturgie der katholischen Kirche, wie sie mich als kleines Mädchen beeindruckt hatte: wenn es im Hochamt an Seidengewändern der Pfarrer nicht mangelte, Weihrauchduft durch die Kirche zog, überall Kerzen brannten und wir, die Gläubigen, demütig in den Bänken knieten. Uns an die Brust schlugen und sagen mussten, während die Messdiener die Klingeln ertönen ließen: Mea culpa, mea culpa, mea maxima culpa – meine Schuld, meine

Schuld, meine übergroße Schuld. Ich wusste als Kind nie, um welche Schuld es eigentlich ging. Ich fühlte mich mit der Gemeinde eben schuldig, weil das so gefordert wurde.
Welches Unheil hinter den Uniformen, diesen »Kostümen« der Nazis, lauerte, sollte sich dem Volk erst später zeigen, als dieser »Maskenball« vorbei war. Als die Fackeln erloschen waren, die dieses Spukspektakel immer begleitet hatten, und Stromsperre war. Als man im Dunkeln saß, in Kellern und Luftschutzbunkern, und statt der Fackeln die Häuser ringsherum brannten. Wer hätte das damals geahnt? Als alle an »die Sache« glaubten, weil sie ihnen etwas versprach, an das sie nur zu gern glauben wollten. Denn sie sollte ihnen, dem deutschen Volk, ein besseres Leben bescheren. Wollte man daran teilhaben, musste man für »die Sache« sein, auch wenn man dafür etwas aufzugeben hatte, zum Beispiel Zweifel und Kritik.
All diese Gedanken schrieb ich auf, als ich dann in meinem Hotelzimmer saß. Die Sonne schien auf meinen kleinen Schreibtisch. Es war früher Abend, und ich beschloss, noch einen Spaziergang zu machen. Etwa zehn Minuten vom Hotel, so erfuhr ich, könnte ich das ehemalige Schloss der Herzöge von Pommern besuchen. Das sollte sich als schöner Abschluss dieses aufregenden, langen Tages erweisen. Das Schloss aus dem 16. Jahrhundert ist heute ein Kulturhaus, in dem auch das staatliche Konservatorium untergebracht ist. Als ich dort ankam, war im Innenhof eine Bühne aufgebaut, auf der ein Flügel stand. Ich hörte einem jungen Mann zu, der in dieser Abendstimmung Chopin

spielte. Es war wie ein Geschenk nach der Mühsal, nach all dem Braun und Grau des vergangenen Tages. Ich applaudierte ihm, als er seine Etüde beendet hatte. Er probte für ein Konzert, das er am nächsten Tag in Krakau geben sollte, erfuhr ich, als er zu mir an den Tisch in dem kleinen Café im Innenhof kam. Höflich fragte er in perfektem Englisch, ob ich eine amerikanische Touristin sei. Tatsächlich überlegte ich einen kurzen Moment, ob ich mich nicht als Amerikanerin ausgeben sollte. Aber als ich ihm gegenübersaß, dem jungen, hübschen Wacław, wie er sich mir vorstellte (seinen Nachnamen konnte ich nicht verstehen), sagte ich ihm doch, dass ich Deutsche sei. Wir kamen ins Gespräch. Zunächst über seine Musik, später zu dem Grund meiner Reise. Er hörte mir sehr interessiert und aufmerksam zu. Dann bestellte er zwei doppelte Wodka. Er hob sein Glas und sagte: »Monika, die Kunst, die Musik überlebt alles. Ist das nicht ein Trost?« Wir wünschten uns gegenseitig Glück. Ich ihm für sein Konzert am nächsten Tag und seine weitere musikalische Laufbahn, er mir für das Buch, von dem er meinte, es könnte helfen, dass »so etwas« nie mehr geschehen werde. Es war ein schönes Erlebnis, diese freundschaftliche, offene Begegnung.

Später im Hotel dachte ich noch einmal darüber nach, warum mir, als Wacław mich fragte, ob ich Amerikanerin sei, dies in dem Moment lieber gewesen wäre. Schämte ich mich, eine Deutsche zu sein? Nein, das war es nicht. Dafür gibt es zu viel in der Literatur, Kunst und Kultur, was von einem anderen Deutschland zeugt. Eher war es in diesem Moment die Scham, eine

Deutsche in Polen zu sein. Nationalismus, besonders dieser Deutschnationalismus, war mir immer fremd, diffus und bedrohlich vorgekommen. Was bedeutete Nationalismus eigentlich für mich? Stolz zu sein auf das Land, in dem ich geboren wurde? Wie konnte ich stolz sein auf ein Land, das solche Gräueltaten begangen hatte? Nach diesem Krieg, der oft erwähnt, aber mir nie erklärt wurde. Wie ein stummer Gast schien er damals immer noch da zu sein, nicht eingeladen, aber doch anwesend.

Das Nachkriegsdeutschland hatte mich als Kind wie auch andere Kinder mit vielen Folgen dieses Krieges konfrontiert, von dessen Entstehungsgeschichte wir nichts wussten, als wir in den Straßen Männer mit Krücken, amputierten Beinen, Armen und Händen sahen. Oft hatten sie blaue Flecken im Gesicht. »Das kommt von den Granatsplittern«, hatte man uns gesagt, »und auch vom Phosphor – das hat alles dieser Krieg gemacht.« Einige Männer waren auch blind. »Ihr Augenlicht gaben sie fürs Vaterland«, hieß es. Wie es dazu gekommen war, warum sie in diesen furchtbaren Krieg gezogen waren, erfuhren wir nicht. Offenbar sollte auch ich in meiner Familie nichts erfahren. Wollten die Eltern mich mit diesem Schweigen schützen? Schämten sie sich vor uns Kindern für diese Zeit? Ohne Erklärungen und Aufklärung konnte man sich als Kind immer nur unsicher fühlen und sich einen eigenen Weg suchen. Schon bei meinen ersten Auslandserfahrungen mit achtzehn, neunzehn Jahren (Schweden, Dänemark, Belgien und im Zusammenleben mit Engländerinnen, Amerikanern und Australierinnen am Theater) wie auch danach in der Zeit als Stewardess, in der ich viele Länder kennen lernte, sah ich mich eher als kosmopolitisch denkenden Menschen, auf dem Boden der Toleranz und der Selbstverständlichkeit der persönlichen Freiheit und Meinung eines jeden Einzelnen. Ich konnte meinen Eltern nicht mehr die Frage stellen, warum sie sich dieser Unfreiheit unterzogen hatten.

Nach und nach, als ich mehr erfuhr aus jenen Zeiten, wurde vieles transparenter, wenn sich auch Verständnis immer noch nicht einstellen wollte. So ging es darum, weiter zu suchen, mehr herauszufinden, denn ich wollte das alles loswerden, endlich aus meinem Kopf haben, was da festzusitzen schien. So fest, dass es mir diese Kopfschmerzen gemacht hatte. Was schmerzte mich? Wut? Verunsicherung? Trauer? Ich konnte es nicht präzisieren. Warum wusste ich so wenig von der deutschen Geschichte, der Geschichte des Landes, in das ich hineingeboren worden war? Was war uns damals an den Schulen, die ich besuchte, beigebracht worden? Das wollte ich demnächst recherchieren, nahm ich mir vor.

Am nächsten Morgen in Szczecin, als ich die Rückfahrt antreten wollte, lief fast alles schief. Meine Handtasche wurde mir auf dem Bahnhof gestohlen. Da saß ich nun ohne Geld, ohne Papiere und ohne polnische Sprachkenntnisse. Aber die Visitenkarte von Kazimierz hatte ich in der Manteltasche. Als ich ihn anrief, kam er sofort. Er fuhr mich (ohne Rechnung) zu verschiedenen Polizeistationen. Auf einer musste ich fast vier Stunden warten, bis eine Dolmetscherin kam. Es war ein Polizeirevier am Stadtrand von Szczecin, in einem Gebäude, in dem die Zeit stehen geblieben zu sein schien. Kazimierz setzte mich dort ab. Er hatte eine Verabredung, die wichtig für ihn war, doch machte er sich erst auf den Weg, nachdem er geklärt hatte, dass mich später ein Polizist ins Hotel fahren würde. Dort hatte er auch schon angerufen, weil ich eine weitere Nacht in Szczecin verbringen musste, denn es ging nur einmal am Tag ein Zug Richtung Hamburg.

Da saß ich nun in einem vergitterten Vorraum, und als ich einmal die Toilette aufsuchen musste, dachte ich, mich träfe der Schlag. Dort stand eine Toilettenschüssel, die aussah, als sei sie von Hunderten von Trecks benutzt worden, von denen sich niemand für irgendetwas verantwortlich gefühlt hatte. Nie war mir das Wort »Notdurft« so passend erschienen. Ja, so stellte ich mir den Knast vor. Fliegen summten herum, und ich beobachtete den Polizisten, der mit einem Zahnstocher sehr beschäftigt war, während er ein Fußballspiel im Fernsehen verfolgte. Ich war ihm anscheinend völlig gleichgültig und eher lästig. Vor ihm stand eine Flasche Mineralwasser, und ich hatte großen Durst. Aber ihn um ein Glas Wasser zu bitten schien mir in dieser Situation total abwegig, in der ich mir wie in einer Sackgasse vorkam. So saß ich da und wartete auf die Dolmetscherin, denn in deutscher Sprache, so war mir gesagt worden, könne kein Protokoll aufgenommen werden. Dann, nach mehr als drei Stunden, wurde sie von einem Polizeiauto gebracht. Sie ging mit energischem Schritt, offenbar genervt, an mir vorbei und nahm an einem Schreibtisch Platz, an den sie mich zitierte. »Wanda

Formella«, stellte sie sich kurz vor, »gerichtlich vereidigte Dolmetscherin und Übersetzerin.«
Zugeknöpft saß sie mir gegenüber. Reserviert, so empfand ich es, fast feindselig. Und doch kam es auch zwischen ihr und mir zu einer kleinen, menschlichen Begegnung, als sie nämlich fragte, welcher Anlass mich nach Polen geführt habe, und ich ihr antwortete, dass ich Recherchen für ein Buch machte. Ihre Frage, ob ich Schriftstellerin sei, verneinte ich. Ich sei Autorin, antwortete ich. Dann geschah wieder etwas Schönes, denn Wanda Formella war plötzlich wie verwandelt. Weich erschien sie mir nun, als sie mir erzählte, dass sie eigentlich eine Dichterin sei. Aber von Gedichten, so Wanda, könne man in Polen nicht leben. Mit den Übersetzungen finanziere sie ihr Leben und das ihrer alten Mutter. »Diese Zeit«, sagte sie leise, »hat keine Zeit für Poesie. Ist das nicht furchtbar?« Sie wollte meine Meinung hören, wie ich darüber dachte. Ich erzählte ihr von meiner Begegnung mit Wacław, der gesagt hatte, dass die Kunst, die Musik alles überleben könne. Und das, so sagte ich ihr, treffe sicher auch auf die Poesie zu. Ich hoffte natürlich, ihr damit ein wenig Mut machen zu können. Zum Abschied schenkte ich ihr das Buch, das ich in meiner Reisetasche hatte, »Geh, wohin dein Herz dich trägt« von Susanna Tamaro. Ein Gedicht wollte sie mir einmal schicken. Das hat sie bis heute nicht getan. Aber eine Übersetzung des Protokolls, das sie aufgenommen hatte, kam einige Tage später mit einem sehr herzlichen Gruß.
Telegrafisch hatte mir damals meine Bank in Hamburg Geld an das Hotel überwiesen, in dem ich nun eine

weitere Nacht verbringen musste. Nach der Armut, die ich in und um Szczecin gesehen und die mir auch Kazimierz geschildert hatte, buchte ich die Kosten, die mit dem Diebstahl meiner Handtasche verbunden waren, ab mit dem Gedanken, dass der Inhalt (Geld, Handy) vielleicht eine Not lindern konnte, in der der Mensch, der sie gestohlen hatte, gerade gewesen war. Und ich dachte an die drei beeindruckenden menschlichen Begegnungen in diesen zwei Tagen in Polen.

Am nächsten Morgen holte mich Kazimierz ab und brachte mich bis in mein Abteil. »Damit diesmal alles gut geht«, meinte er. Ein Trinkgeld hätte er nicht genommen, das wusste ich. So steckte ich ihm heimlich ein Kuvert in die Jackentasche mit einem kleinen Dankesbrief und hundert Euro für ihn und seine Familie, von der er mir erzählt hatte. Besonders von seinem behinderten Kind, das dringend Förderung benötigte, für die kein Geld da sei. So könnte er es annehmen, meinte ich, ohne dass ich seine Hilfsbereitschaft, seine Gefühle bei der mir angebotenen Freundschaft verletzte. Dann fuhr ich zurück nach Hamburg und setzte die Arbeit an dem Buch fort.

9

Ich ging weiterhin zu den Gesprächen mit Dr. Flüsmeier. Bei den Recherchen für das Buch stieß ich immer wieder auf das, was ich in der Therapie »Grummeln« nannte. Es war das seltsame Gefühl von früher: »Das darfst du nicht. Das steht dir nicht zu.« Ich fühlte mich wie gespalten in der alten Unterdrückung und meinem Aufbruch aus jener Kinderzeit, an die ich mich als Opfer erinnerte, und in der jetzigen Zeit, in der ich mir plötzlich wie eine Täterin vorkam. Wie eine, die *ihm*, dem Vater, etwas antun wollte. Das schien in mir Schuldgefühle zu wecken. Antun wollte ich ihm nichts, Rachegelüste waren mir schon immer fremd gewesen. Vielmehr wollte ich herausfinden, warum er mir damals mit dieser Härte gegenübergestanden hatte.

In dem Buch »Abwesende Väter« von Hartmut Radebold hatte ich gelesen: »Lange blieb unbekannt, wie sich die verrohende Wirkung des Krieges oder die Nachwirkung starrer militärischer Befehlsstrukturen auf die Familien auswirkte. Welche Überlebenstechniken hatten die Männer entwickelt und versuchten sie nun anzuwenden?«

Traf das auch auf den Vater zu? Tat ich ihm Unrecht mit diesem Buch, in dem ich der oft unbarmherzigen

Strenge nachspürte, in der er mir damals begegnet war? Schon etwa drei Jahre, bevor ich an diesem Buch zu arbeiten begann, hatte ich in der Redaktion von Guido Knopp angerufen. All die Dokumentarfilme, die ich schon im ZDF gesehen hatte (»Hitlers Helfer«, »Hitlers Wehrmacht« und andere mehr), schienen ein Thema, das ich für wichtig hielt, auszusparen: Was geschah in den Familien *nach* dem Krieg?
Man sagte mir, das ZDF werde demnächst einen Bus durch Deutschland schicken, an dem sich »Zeitzeugen« melden könnten. Daraus sollte ein Film zu diesem Thema entstehen. Als ich das hörte, zweifelte ich daran, dass sich der Plan realisieren ließe, denn ich wusste ja schon durch das Inserat und auch aufgrund meiner eigenen Empfindungen von der Scham – dieser Kollektivscham, die uns Schilderungen aus unserer Kinderzeit geradezu verbot. Im Jahre 2002, als ich schon an dem Buch arbeitete, rief ich nochmals in der ZDF-Redaktion an. Ja, erfuhr ich, der Bus sei bereits unterwegs gewesen. Über fünftausend Interviews seien gemacht worden von Historikern und Journalisten. Aber aus Kostengründen und weil es keinen Sendeplatz für das Thema gebe, stehe diese Dokumentation noch aus. Also versuchte ich für mich weiter, die Antwort auf die Frage zu finden: Was hatte mir die Seiten des Vaters vorenthalten, die ich als kleines Mädchen gebraucht hätte: Zugänglichkeit, Wärme, Verständnis? Das Gefühl, geliebt zu sein? Wann, wo und aus welchen Gründen hatte er die Weichheit in sich abgegeben?
Mir fiel das kleine Foto ein, das den Vater Weihnachten

1941 in Smolensk zeigte. Im Schützengraben oder in einem Unterstand mit anderen Soldaten. Neunundzwanzig Jahre alt war er damals. Er hatte auf dem Foto einen Schal um seinen Kopf gebunden. Was war in Smolensk geschehen? Hatte er es meiner Mutter erzählt, und wie ging es wohl ihr damals? Mit meiner Schwester, vier Jahre alt, und mir, ein Jahr alt? Und wie ihm und seinen Kameraden in Smolensk, die alle Weihnachten dem Landser-Lied »Lili Marleen« lauschten? Eine Erinnerung an einen weichen Vater meldete sich, für den Weihnachten immer ein besonderes Ereignis zu sein schien. Es war ein Lied, das er so gern und aus voller Brust gesungen hatte. Ich meine, es war eine Strophe des Weihnachtsliedes »Am Weihnachtsbaum die Lichter brennen«. Die Strophe: »Zwei Engel sind hereingetreten, kein Auge hat sie kommen sehn. Sie gehn zum Weihnachtstisch und beten und wenden wieder sich und gehn.« Und dann: »Gegrüßet seid ihr alten Leute, gegrüßet seist du junges Paar …« Ich erinnere mich daran, dass er oft nicht weitersingen konnte, weil ihm Tränen in die Augen traten, die er unterdrückte. Es blieb mir immer ein Rätsel, welche Gefühle zu diesem emotionalen Ausbruch geführt hatten. Und wieso meinte ich damals als Kind zu ahnen, dass der Vater nun sehr traurig sei? Dass man ihn dabei nicht stören sollte? Während ich das schrieb, kamen andere Bilder aus dem Berlin der Nachkriegszeit in mir hoch. Aus jener Zeit eben, in der es an allem fehlte und vieles nicht möglich war, was man sich als kleines Kind aber doch wünschte.

Als kleines Mädchen wünschte ich mir zum Beispiel

ein Paar Rollschuhe, die ich auch bekam. Aber dem Gefühl von Freiheit, das mich überkam, wenn ich sie unter meine Schuhe schnallte und rollte, wohin ich wollte (zum Beispiel mit einem »Flieger«, das heißt mit ausgebreiteten Armen, ein Bein hoch gestreckt), folgte sogleich der Appell: Die Rollschuhe mussten nach dem Laufen, nach der Freude, sofort geputzt werden. Tatsächlich, so erinnerte ich mich, musste ich die Rollschuhe auseinander nehmen, wahrscheinlich so, wie der Vater immer sein Gewehr hatte auseinander nehmen müssen. Bei all den Schrauben und Muttern, die zu den Rollschuhen gehörten, verlor ich oft den Überblick, und ich meine, es blieben auch immer ein paar Kügelchen aus den Kugellagern übrig. Ich ließ sie einfach verschwinden. Zu meiner großen Überraschung liefen die Rollschuhe trotzdem weiter mit mir. Wenn der Vater sein Gewehr nach dem Putzen nicht perfekt zusammengebaut hätte, wäre das für ihn sicher eine Katastrophe gewesen. Wahrscheinlich hatte er das zigmal exerzieren müssen, denn ihm war, wie ich es ja dann im achten Gebot der Fallschirmjäger gelesen hatte, eingedrillt worden: »Du kannst nur siegreich sein, wenn deine Waffen gut sind. Achte darauf, dass du dich an das Gesetz hältst: ›Erst meine Waffe und dann ich.‹« Meine Rollschuhe aber waren kein Gewehr. Ich wollte nur einfach Rollschuh laufen und dieses Gefühl meiner kleinen Freiheit spüren, nach der ich mich immer so sehnte und die mir von ihm nicht zugestanden wurde. So log ich, als er mich fragte, ob alle Kugeln wieder in den Rollen seien. Und ich log nur, damit er nicht gleich wieder »von der Rolle« war, weil ich nicht funktioniert hatte.

Er schien immer zu »funktionieren«. Sicher wollte er mir damit ein Vorbild sein. Tatsächlich aber wurde er mir dadurch immer fremder, und statt in ihm ein Vorbild zu sehen, schaute ich immer öfter an ihm vorbei. Ich wollte eben nicht sein kleiner, mutiger Kamerad sein. Sein harscher Ton erreichte mich nicht, wenn er meinte: »Was Hänschen nicht lernt, lernt Hans nimmer mehr.«
Mut sollte ich des Öfteren beweisen. Nicht nur für die Jungen auf den Adolf-Hitler-Schulen und bei der Napola spielten Mutproben eine wichtige Rolle, wie ich gelesen hatte, sondern sie wurden auch auf den Ordensburgen gefordert. Sie sollten abhärten und waren offenbar ein wichtiger Faktor im Ausbildungs- und Schulungsprogramm. So sollte auch ich mutig werden. Dafür stellte er mich gelegentlich auf die Probe. Zum Beispiel eines Tages bei einem schönen Ausflug an den Teufelssee in Berlin, an dem er mir kleine Frösche zeigte und ich gern mit ihm auf dem Boden kniete, um sie zu beobachten. Ich war sechs oder sieben Jahre alt. Rund um den See waren sehr hohe Sandberge, und auf einen von ihnen sollte ich auf einmal klettern und von oben hinunterspringen. Das wollte ich aber auf gar keinen Fall. Ich hatte Angst vor dem Sprung und glaubte ihm nicht, als er sagte: »Du kannst mir vertrauen, ich fange dich schon auf.« Mein Vertrauen zu ihm war zu dieser Zeit schon ziemlich beschädigt. So stand ich da oben und sah in seine fordernden Augen. Das war nicht mehr der Vater, der mir eben noch am See die kleinen Frösche gezeigt hatte, das war ein anderer Vater, einer, den ich nicht wollte. Er kam dann auf den Berg und

sprang hinunter, rannte noch zwei-, dreimal hinauf und sprang erneut hinunter, um mir zu beweisen, dass es nicht gefährlich sei. Trainiert und sportlich, wie er immer war, bestand er zwar vor sich diese Mutprobe, für mich aber ging der Tag, der so schön begonnen hatte, wieder einmal mit dem Gefühl zu Ende, ihn enttäuscht zu haben, als ich auf dem Weg nach Hause traurig, schweigend neben ihm in der S-Bahn saß. In seinen Augen war ich feige und hatte »keinen Schneid« bewiesen, das wehte mir wie ein eisiger Wind entgegen. Er aber spürte nicht, wie er *mich* enttäuscht hatte, weil ich ihm nicht sagen durfte, dass ich Angst hatte. Angst schien für ihn ein Fremdwort zu sein. Ungefähr eine Woche lang sah er an mir vorbei, durch mich hindurch, als wäre ich gar nicht da.

Dann war Sonntag, und er wollte auf den Fußballplatz, aber nicht allein. Ich war zwar nur ein Mädchen, aber schon vorher gelegentlich sein »Ersatzkamerad« gewesen. So ging ich mit ihm, wahrscheinlich in der Hoffnung, dass dann diese bedrückende Nichtbeachtung aufhören würde. Seine Lieblingsmannschaft spielte. Der Vater war vor Begeisterung schier aus dem Häuschen. Er schlug mir auf die Schulter, weil seine Jungs es »den anderen« zeigten. Ich verstand überhaupt nichts von Fußball, aber offenbar hatte mich seine Begeisterung angesteckt, denn plötzlich schrie ich: »Toor!« Leider fiel das Tor für die andere Mannschaft. Er sah mich fassungslos an, als hätte ich Hochverrat begangen. Es gab kein Würstchen vom Wurstmaxe, wie er es mir versprochen hatte, stattdessen weiter eisiges Schweigen, das mir signalisierte, dass ich wieder einmal versagt hatte. Etwas Gutes war aber doch damit verbunden: Auf den Fußballplatz musste ich nie wieder mit ihm. Viel bedrohlicher aber war eine Mutprobe, der er mich etwa zwei Jahre später unterzog. Es muss 1950 gewesen sein. Er hatte Arbeit bei einer Berliner Firma gefunden, für die er Produkte in Westdeutschland verkaufte. Er war immer vier bis sechs Wochen fort und dann zwei Wochen zu Hause. Wir, meine Mutter, meine Schwester und ich, nannten das immer »Westwind«, wenn er weg war, dann war Ruhe, und Ostwind, wenn er wieder da war, dann war Unruhe. Er hatte für seine Arbeit einen Volkswagen bekommen. Das erste Auto, das in unserer Straße stand, in der es für uns Kinder viel Platz zum Spielen gab, denn niemand hatte damals ein Auto.

Mir fiel ein, dass wir auf den Bürgersteigen pokerten, das heißt, wir spielten ein Spiel mit den Deckblättern von Zigarettenschachteln. Orientalische Deckblätter wie Mokri und Senussi schlugen Gold Dollar, weil sie so schön bunt und exotisch waren. Pall Mall schlug Camel. – Warum? Daran erinnerte ich mich nicht. Wir »klimperten« an allen Ecken, das heißt, wir warfen Münzen. Eine zuerst, und dann mussten die anderen die erste treffen. Wir spielten Murmeln, zunächst mit farbig lackierten aus Ton, denen aber bald die herrlich bunten Glasbucker Konkurrenz machten. Nannten wir sie so? Woher kamen die? Kleine und große Glasmurmeln, die man ins Licht halten konnte, die uns in dieser grauen Zeit beim Betrachten viele schöne Träume herbeizauberten. Wir hüteten sie wie kleine Schätze. Auf den leeren Straßen ließen wir unsere Holzkreisel tan-

zen. Der Kreisel wurde fest mit einer Schnur umwickelt, die an einem Stock befestigt war. Dann zogen wir an dem Stock, und der Holzkreisel schnurrte ab. Glücklich konnte sich schätzen, wer so einen kleinen, bunten Kreisel hatte. Ich erinnerte mich auch an selbst gebastelte Puppen. Ihre Köpfe waren Kartoffeln, die auf einem Stock steckten, um den Stoffreste als Kleider gewickelt waren. Es gab auch grausame Spiele, die aber offenbar in all dem Grauen um uns herum nicht als grausam erlebt wurden. Jedenfalls nicht von den Jungs, die das machten. Sie holten aus einem zerbombten Grundstück unseres Viertels, auf dem es einen Teich gab, kleine Frösche, stecken ihnen einen Strohhalm in den »Po«, wie wir Mädchen damals sagten, und bliesen ihnen Luft ein. Dann legten sie die dicken, aufgeblasenen Frösche auf die Straßenbahnschienen, und wenn die Bahn über sie hinwegfuhr, gab es ein furchtbares Geräusch, wenn sie zerplatzten. Ich litt mit ihnen, weil man ihnen das Leben nahm, aber wem hätte ich das erzählen können? Niemand hatte Zeit, sich über das Verrecken von Fröschen zu unterhalten.
Für jenen Sommer 1950 hatte der Vater für uns Ferien in Westdeutschland organisiert. Die ersten Ferien in meinem Leben. Ich war bis dahin nie aus dem Viertel in Berlin herausgekommen, kannte nichts anderes als das Leben auf den Straßen, in denen ich aufgewachsen war. Die Ankündigung, eine Reise zu machen, Neues zu erkunden, war so unglaublich, dass ich mir in der Aufregung der Vorfreude ein kleines Heft kaufte, um alles aufzuschreiben, was ich nun sehen würde. Wir Großstadtkinder erlebten viel in Berlin, aber Tiere wie Pfer-

de oder Kühe bekamen wir nicht zu sehen. Ein Kontakt zur Natur war selten. Nun also die erste Reise über die Autobahn nach Westdeutschland. Sicher war es für den Vater schön, dass er uns diese Abwechslung bieten konnte. Die meisten Kinder in unserer Straße hatten solch Glück nicht. Als wir ankamen an der Glörtalsperre, dem Ort, den der Vater für unsere ersten Ferien ausgesucht und für den er ein großes Zelt organisiert hatte, waren wir alle total begeistert. Aber als das Zelt stand und der Vater drinnen ein schönes Lager auf Stroh gebaut hatte, das mit Zeltplanen überspannt war, ging ein großes Gewitter auf uns herunter. Ich hatte gerade in der Schule gelernt, was bei Gewittern zu beachten war: »Eichen sollst du weichen, Buchen sollst du suchen.« So meldete ich an, dass der Vater das Zelt unter einer Eiche aufgebaut hatte. Das stimmte zwar, aber seine Reaktion war feindselig. Mitten in der Nacht, während es regnete, brach er das Lager ab und baute es an anderer Stelle neu auf. Das war aber nur eine Erinnerung an diese ersten Ferien nach dem Krieg. Neben unserem Zeltlager gab es eine Jugendherberge. Dort mobilisierte der Vater sehr schnell Jungen aus dem Ruhrgebiet für Gemeinschaftsabenteuer. Er veranstaltete Schnitzeljagden und vor allem Lagerfeuer. Die Jungen waren begeistert.
Ich meine heute, in der Erinnerung an diese Zeit in dem großen, vom Roten Kreuz geliehenen Zelt, dass ich den Vater bewunderte, wie er das alles für uns organisierte. Auch erlebte ich einen Vater, der so ganz anders als sonst, nicht so hart schien. An einem Tag hatte er mit den Jungen stundenlang Holz gesammelt für ein gro-

ßes Lagerfeuer am Abend. Alle hatten nur zu gern mitgemacht. Dann saßen wir um das lodernde Feuer. Zwei Jungen hatten Gitarren mitgebracht, und wir sangen: »Wilde Gesellen, vom Sturmwind umweht, Fürsten in Lumpen und Loden« und »Hohe Tannen weisen die Sterne«. Plötzlich sang der Vater ein Lied, das wir nicht mitsingen konnten, weil wir es nicht kannten. Es war das Lied von einem Soldaten, der am Wolgastrand steht: »Hast du dort oben vergessen auch mich? Es sehnt auch mein Herz nach Liebe sich. Du hast im Himmel viel Englein bei dir, schick doch eines davon auch zu mir.« Damals sah ich, dass er weinte, aber verdeckt hinter seiner Hand, die er vor die Augen hielt – eben nur für sich. Er tat mir Leid, obwohl ich nicht wusste, warum. Heute, mit dem Wissen um Smolensk (1941), wo er sich mit Sicherheit, wie auch seine Kameraden, mehr als elend gefühlt haben muss, könnte ich mir seine Regung erklären – und es wäre ein Schritt hin zu ihm. Aber dann schob sich wieder eine andere Erinnerung dazwischen, ein Ereignis am nächsten Tag, an dem ich auch gern einen Engel an meiner Seite gehabt hätte.

Wir hatten kein fließendes Wasser und wuschen uns, unsere Kleidung und das Geschirr in einer Quelle, etwa zehn Minuten vom Zelt entfernt. Eines Tages sollte ich mich nach dem Abendessen um den Abwasch kümmern. Es wurde aber schon dunkel, und ich hatte Angst, allein dorthin zu gehen, und das sagte ich dem Vater. Angst zu zeigen war aber nicht drin. Das bedeutete, eine Memme zu sein, dagegen musste angegangen werden. Es war diese Nacht, die sich in der Therapie wie ein weiterer Albtraum in mir meldete, die Mutprobe in seinem Volkswagen, der für ihn das Wichtigste war, eingesperrt die ganze Nacht. In einem dunklen Wald, allein auf einem nassen, kalten Autositz. Ich hatte offenbar den Autositz, während ich dann doch vor Müdigkeit eingeschlafen war, nass gemacht. (»Ein unterdrücktes Kind weint durch die Blase«, lernte ich später.) Voller Angst kurbelte ich die Fenster herunter, damit der Sitz am nächsten Tag wieder trocken sei und er, der Vater, bloß nichts merken würde. Am Morgen durfte ich zurück ins Zelt. Mir war übel, ich musste mich übergeben, bekam eine Wärmflasche von Mutter und durfte den ganzen Tag im Bett bleiben. Sollte das ein Schutz für mich sein? Schutz vor ihm? Wie hatten der Vater, die Mutter und meine Schwester wohl diese Nacht verbracht?

Nachdem ich das in einer Therapiestunde noch einmal durchlebt hatte, als sei es gerade geschehen, fragte ich meine Schwester. Sie konnte sich zu meinem Erstaunen nicht daran erinnern. Meine Mutter konnte ich nun nicht mehr fragen, wie auch zu den anderen Situationen nicht, in denen ich ihm hilflos ausgeliefert war. Hatte auch sie damals Angst vor ihm? Warum half sie mir nicht? Stand auch sie unter Druck? Unter seinem? Oft hatte ich sie ja sagen hören: »Wir haben genug mitgemacht. Ich will nie mehr etwas von Politik hören.« Ich meine heute, dass sie das so sagen konnte, weil sie nie direkt etwas mit »der Sache«, die seinem Druck zugrunde lag, zu tun hatte und zu tun haben wollte. Aber als sie dem Vater 1934 begegnete, hatte der sehr wohl etwas damit zu tun. Da hatte er schon vor der Haken-

kreuzfahne den »Eid auf den Führer« geleistet, den er später ab und zu wie eine Art Verteidigung erwähnte: »Ich gelobe meinem Führer Adolf Hitler Treue. Ich verspreche, ihm und den Führern, die er mir bestimmt, jederzeit Achtung und Gehorsam entgegenzubringen.« Dieser Eid, so las ich in dem Buch »Opposition gegen Hitler«, »wurde auf dem Verordnungsweg verfügt, was praktisch einem Staatsstreich gleichkam. Der Eid hatte bis dahin die Wehrmacht nur zum Gehorsam gegenüber ihren Vorgesetzten verpflichtet.« Hitler, der durch die Machtübernahme (Machtergreifung) am 30. Januar 1933 Reichskanzler wurde, »nahm diesen Eid erst an, als ein Volksentscheid am 20. August 1934 die Vereinigung der Ämter des Reichspräsidenten und Reichskanzlers gebilligt hatte ... Die Vereidigung auf Hitler war ein freiwilliger Akt der Reichswehr, der sie der Möglichkeit beraubte, weiterhin Opposition gegen den Reichskanzler zu treiben. Von diesem Augenblick an war alles, was von der Armee gegen Hitler unternommen wurde, Widerstand.« Denn die Reichswehr wurde nach einem Entwurf von Kriegsminister General von Blomberg und seinem Chef (Wehrmachtsamt) Oberst von Reichenau auf den Führer persönlich vereidigt. »Eine Opposition gegen Hitler hat es von da an nicht mehr gegeben.«
Der »Eid auf den Führer« war und blieb für den Vater »Ehrensache«, denn »der Führer« hatte, wie Joachim C. Fest in seinem Buch »Hitler«[27] schreibt, die ihm Verschworenen nicht von diesem Eid entbunden, anders als Kaiser Wilhelm, der nach dem Ende des Ersten Weltkriegs auf Drängen deutscher Rechtssachverstän-

diger dem Thron entsagte. In dem Buch »Wilhelm der Kaiser« von Virginia Cowles[28] las ich: »Er entband alle Beamten, Offiziere und Soldaten des Deutschen Reiches ihres Treueeids, den sie ihm geleistet hatten. Er erwarte von ihnen, ›dass sie bis zur Neuordnung des Deutschen Reichs den Inhabern der tatsächlichen Gewalt in Deutschland helfen, das deutsche Volk gegen die drohenden Gefahren der Anarchie, der Hungersnot und der Fremdherrschaft zu schützen‹. Das war alles. Keine herzliche Botschaft an das deutsche Volk, kein Wort des Dankes für den Heldenmut der Soldaten und für das tapfere Ausharren der Zivilbevölkerung während der vier langen Kriegsjahre.«

Die Botschaften, die Adolf Hitler hinterließ, kurz bevor er sich durch seinen Selbstmord der Verantwortung entzog, machten anderes deutlich. Hier zunächst sein politisches Testament, von dem ich nicht weiß, ob es den Vater jemals erreicht hat. Es ließ mich fast erstarren. »Das Volk und die Wehrmacht haben in diesem langen und harten Kampf ihr Alles und Letztes hergegeben. Das Opfer ist ein ungeheures gewesen. Aber mein Vertrauen ist von vielen missbraucht worden. Treulosigkeit und Verrat haben die Widerstandskraft während des ganzen Krieges untergraben. Deshalb war es mir nicht vergönnt, mein Volk zum Sieg zu führen. Der Generalstab des Heeres war mit dem Generalstab des Ersten Weltkriegs nicht zu vergleichen. Seine Leistungen stehen weit zurück hinter denen der kämpfenden Front. Die Anstrengungen und Opfer des deutschen Volkes in diesem Kriege waren so groß, dass ich nicht glauben kann, sie könnten umsonst gewesen sein.

Es muss weiter das Ziel sein, dem deutschen Volk Raum im Osten zu gewinnen.«
Es schien mir, als habe der Vater dieses Ziel seines »Führers« nie aus den Augen verloren. Wie war das nur möglich? Erkannte er nicht, dass eine solche Perspektive einem nicht gesunden Hirn entsprungen, eine kranke Utopie war? Wie krank Hitler war, woran es ihm mangelte, macht sein persönliches Testament deutlich: »Da ich in den Jahren des Kampfes glaubte, es nicht verantworten zu können, eine Ehe zu gründen, habe ich mich nunmehr vor Beendigung dieser irdischen Laufbahn entschlossen, jenes Mädchen zur Frau zu nehmen, das nach langen Jahren treuer Freundschaft aus freiem Willen in die schon fast belagerte Stadt hereinkam, um ihr Schicksal mit dem meinen zu teilen. Sie geht auf ihren Wunsch als meine Gattin mit mir in den Tod. Es wird uns das ersetzen, was meine Arbeit im Dienst meines Volkes uns beiden raubte!«
Als welch beinahe asketischer Märtyrer wollte er sich damit davonschleichen? Der Sexualität und einer Lust am Leben entsagend, die er, wie viele Bildbände zeigen, auch dem Volk wie mit Kernseife aus den Köpfen hatte schrubben wollen. So blank geputzt, so »deutsch sauber« sahen diese Menschen auf den Fotos aus jener Zeit aus. Sauber vom Scheitel bis zur Sohle für den Führer, von dessen unsauberen Plänen sie nichts wussten. Was war mit seiner Sexualität? Hatte er sie verdrängt? Viel ist über dieses Dunkel in seinem Charakter geschrieben worden, und ich will hier nur als Beispiel ein Erlebnis von Henriette von Schirach[29], Baldur von Schirachs Ehefrau, wiedergeben. Eine seltsame

Begegnung in ihrer Jungmädchenzeit, die sie, die Tochter von Heinrich Hoffmann, dem persönlichen Fotografen Hitlers, in ihrem Buch »Der Preis der Herrlichkeit« als »Annäherungsversuche« festhielt. Sie berichtet darin über eine Gesellschaft in ihrem Elternhaus, zu der auch Hitler eingeladen war: »Die Gäste verabschiedeten sich, und Vater ging mit. Ich blieb zurück. Dann ging ich schlafen, aber wenig später klingelte es. Raus aus dem Bett und an die Tür – sicher hatte Vater etwas vergessen. Aber es war Herr Hitler. – ›Ich habe meine Peitsche vergessen‹, sagte er. – Ich gab sie ihm. Er stand auf dem kleinen Vorplatz auf dem roten Teppich. Herr Hitler trug einen englischen Trenchcoat und hielt seinen grauen Velourshut in der Hand. Und nun sagte er etwas, das gar nicht zu ihm passte, und er sagte es ganz ernst: ›Wollen Sie mich nicht küssen?‹ Er sagte ›Sie‹. Was für eine Vorstellung. Herrn Hitler küssen. Ich mochte ihn gern, denn er war für meine Ideen zu haben und half mir, wenn ich beim Vater etwas erreichen wollte, zum Beispiel Tennisstunden oder Skilaufen mit den Müller-Töchtern [Müller & Sohn, Verlag des ›Völkischen Beobachters‹]. Aber küssen? ›Nein, bitte, wirklich nicht, Herr Hitler. Es ist mir unmöglich.‹ Er sagte gar nichts, klopfte mit der Peitsche auf seine Handfläche und ging ganz langsam die Stufen zur Eingangstür hinunter. Viel später kam der Vater. Wieder sprang ich an die Tür, als ich seine Schlüssel hörte. ›Vater, Herr Hitler war noch mal hier. Er hatte seine Peitsche vergessen, und stell dir vor, wie komisch, er wollte mich küssen.‹ Vater fand das gar nicht komisch. Er starrte mich an und zweifelte am Geschmack des Führers. Da stand ich in meinem Flanellnachthemd, die Haare zu kleinen abstehenden Zöpfchen geflochten. ›Dich küssen? Einen Fratz mit einer Schweineschwänzchenfrisur? Du bildest dir wohl Schwachheiten ein.‹ Und je länger er mich ansah, umso ärgerlicher wurde er. ›Du sprichst zu keinem Menschen darüber, verstanden? Und du vergisst das Ganze, verstanden? Und nun Marsch ins Bett.‹ Das war alles.«

War Adolf Hitler nicht nur ein Mann, der sich, wie er es in seinem persönlichen Testament darstellte, »bindungsfrei« hielt für sein Volk, sondern eher ein zutiefst bindungsunfähiger Mensch? Besetzten ihn ganz andere sexuelle Fantasien, die er nie ausleben konnte? Sich nicht gestattete?

Die Filmaufnahmen, die zeigen, wie er kleinen Kindern, Mädchen, die ihm von ihren Müttern entgegengestreckt wurden, übers Haar strich, ekelten mich an. Beinahe erschrak ich, als eine weitere Erinnerung in mir aufstieg. Hatten die Eltern mir nicht erzählt, dass ich 1943 als dreijähriges Kind auf dem Obersalzberg gewesen war? Mit dem Vater, der, wie auch andere Fallschirmjäger, in einem Berchtesgadener Lazarett behandelt wurde, und der Mutter, die ihn dort mit mir besuchte? Der Führer hatte seine verwundeten Fallschirmjäger, seine »Elite-Soldaten«, zu einem Empfang auf dem »Adlerhorst« eingeladen. So hatte ich diesem Hitler also tatsächlich gegenübergestanden. Hatte er mir womöglich auch über meine kleine Haartolle gestrichen? Mir wurde immer nur erzählt, ich hätte die roten Ledersofas gestreichelt und gesagt: »Schöne Möbel«, und sie hätten alle gelacht. Ich kann mich nicht daran erinnern.

Hatte Adolf Hitler durch seine letzte Wahnsinnstat, dieses politische Testament, allen, die ihm bis dahin gefolgt waren, ein Hindernis errichtet, sich von diesem Irrweg abzuwenden? War das aberwitzige Vermächtnis auch deshalb im Kopf des Vaters stecken geblieben und versperrte ihm die Sicht für eine andere Perspektive? Was war mit meiner Mutter damals? Vermutlich sah sie keinen Weg, dem Vater, dem Mann, der er *nach* dem Krieg war, entgegenzutreten. Sie hatte zwar keinen Eid auf den Führer geleistet, aber sie war mit einem anderen Schwur befrachtet, dem Ehegelöbnis vor Gott, nachdem sie katholisch geheiratet hatten. Als sie sich vor dem Altar die Treue schworen, wie es gefordert wurde: »... bis dass der Tod euch scheidet«.
Sie war streng im Glauben erzogen und mit der Überzeugung der Großmutter ins Leben geschickt worden: »Eine Frau muss dem Mann gehorchen.« Aber streng im Glauben war sie später nicht mehr. Abgesehen von den Christmetten und den beiden Erstkommunionen von meiner Schwester und mir, kann ich mich nicht erinnern, sie jemals in der Kirche gesehen zu haben. 1962 überraschten die Eltern meine Schwester und mich, als sie uns schriftlich mitteilten – wir wohnten schon längst nicht mehr bei ihnen –, dass sie ihren fünfundzwanzigsten Hochzeitstag noch einmal mit dem Segen der Kirche begehen wollten. So fuhren wir nach Berlin, saßen in der Kirchenbank, als die Eltern den Gang entlang kamen. Ich meinte mich zu erinnern, dass wir das nicht nur seltsam fanden, sondern eher schon befremdlich grotesk.

Gefragt haben wir sie damals nicht. Aber mir fiel der Tag ein, an dem der Vater mir nach dem Tod der Mutter die Frage stellte: »Was ist, Monika, wenn ich sterbe und da oben doch einer ist, der mich fragt: ›Was hast du in deinem Leben gemacht, Werner, zum Beispiel damals auf Kreta?‹« Ich fühlte mich in dieser Situation überfordert, deshalb riet ich ihm, über seine Ängste mit einem Pastor zu reden. Er antwortete: »Das habe ich schon vor Jahren in Berlin getan. Ich habe mich bei den Jesuiten ausgesprochen.«

Warum war er zu den Jesuiten gegangen? Er hatte doch einmal gesagt: »Die Jesuiten, das sind die Soldaten Gottes, und um dieses Leben für Gott zu führen, geißeln sie sich sogar und machen sich so hart für ihren Kampf.« Hatte er daher dieses Buch besessen, an das ich mich erinnerte: »Macht und Geheimnis der Jesuiten«? Worüber sprach er mit den Jesuiten? Auch über seinen Austritt aus der Kirche, als er auf der Ordensburg gewesen und »gottgläubig« geworden war, das heißt, sich zu der germanischen, politischen Religion bekannt hatte, die vor allem alles Christliche, das jüdischen Ursprungs sei, auslöschen wollte? Was sagten sie ihm, um ihn zu entlasten? Rieten sie ihm womöglich, Frieden mit sich zu finden, indem er mit der Mutter durch diese Feier in den »Schoß« der Kirche zurückkehrte? Kam es deshalb 1962 zu dem erneuten »Segen« der Kirche an ihrem fünfundzwanzigsten Hochzeitstag? Welche Erklärung gäbe es sonst dafür? Irgendwo hatte ich einmal gelesen: Das Geheimnis der Erlösung heißt Erinnerung. Woran konnte ich mich noch erinnern? Woran wollte ich mich nicht mehr erinnern? Und wenn nicht, warum nicht?

Eines der Motive für diese seltsame Kehrtwendung könnte der Eintritt des Vaters in die CDU gewesen sein. Warum er das tat, weiß ich nicht, und es interessierte mich damals auch nicht, doch es kam danach wieder einmal zu einem Streitgespräch, wohl bei einem der Weihnachtsfeste, zu denen sich die Familie zusammenfand.

Die Adenauer-Ära war in vollem Gange. Bei diesem Familientreffen ging es um die deutsche Wiederaufrüstung, die der Vater befürwortete. »Wieder Soldaten?«, fragte ich ihn damals. »Hast du nicht einmal gesagt: Nie wieder, mein Kind?« Der Vater antwortete: »Wir müssen uns vor dem Russen schützen, sonst überrennen die uns.« Nun war es also der Russe. Der Russe war das neue Feindbild. Für die Westberliner, die sich mit den Amerikanern, Franzosen und Engländern verbunden fühlten und einen wirtschaftlichen Aufschwung erlebten, war der andere Teil Berlins, der sich mittlerweile von der sowjetischen Zone zum SED-regierten Teil der Stadt entwickelt hatte, kommunistisch, so auch für den Vater. Damit verband sich in ihm das alte Bild vom »roten Gesindel«, dem er ja schon als junger Mann den Kampf angesagt hatte. Er erzählte mir von Vorträgen, die er besuchte. Wieder einmal trugen ihm andere etwas vor, dem er sich anschloss. Er sprach von Wirtschaftsfachleuten im Umfeld von Axel Springer. Dem ging ich nie nach. Ich erinnerte mich, wie er erzählte, Adenauer habe 1955 bei seinem Besuch in Moskau nicht nur diplomatische Beziehungen zur Sowjetunion aufgenommen, sondern auch dafür gesorgt, dass die noch immer in russischer Gefangenschaft festgehaltenen deutschen Soldaten endlich nach Hause kommen konnten. Wählte er die Partei Adenauers, weil der seine Kameraden aus der Kriegsgefangenschaft befreite? Hatte ihm der Eintritt in die CDU zu einer Anstellung bei der Stadt Berlin verholfen? Zunächst arbeitete er beim Amt für Materialbeschaffung, später, wie er mir erzählte, bei einem Amt für Lastenausgleich, wo er sich darum bemüht habe, Angehörigen von Berliner Juden, die »damals« ums Leben gekommen seien, zu ihrem ehemaligen Familienbesitz, zum Beispiel Grundstücken, zu verhelfen, auf den sie Anspruch gehabt hätten, oft ohne davon zu wissen.

Ich hätte gern etwas gefunden, das seine Angaben bestätigt hätte, aber alle Recherchen, die ich zu diesem Punkt anstellte, liefen ins Leere. So bleibt es eine Aussage von ihm, die ich trotzdem als Botschaft für mich ansehe: dass er sich bemüht hatte, Unrecht wieder gutzumachen, das heißt, dass er doch etwas eingesehen hatte, auch wenn sich seine antisemitische Einstellung damit nicht änderte, zum Beispiel wenn er immer wieder Morgenthau erwähnte. Ihn bezeichnete er als amerikanischen Juden, der Deutschland nach dem Krieg zu einem Kartoffelacker habe machen wollen, damit die Deutschen nie wieder Krieg führen könnten. Wie der Vater damals Morgenthau anzuklagen schien, interessierte mich nicht. Mehr noch, ich dachte: Wenn der Morgenthau meint, dass es dann nie mehr Krieg gibt, hat er doch Recht.

Was hätte der Vater aber zu dem gesagt, was ich in »Anmerkungen zu Hitler«[30] von Sebastian Haffner las? Er schreibt: »Viel unkomplizierter stellt sich … Hitlers

Gedankengang dar, wenn man annimmt, dass sein Hauptmotiv bereits jetzt gar nicht mehr außenpolitisch, sondern innenpolitisch war und sich in Wahrheit gegen sein eigenes Volk richtete.« Weiter heißt es bei Haffner: »Klare und unwiderlegliche Form jedenfalls gewann er in den Führerbefehlen vom 18. und 19. März 1945, mit denen Hitler Deutschland zum Volkstod verurteilte. Zu dieser Zeit standen die Russen an der Oder, und die Amerikaner waren über den Rhein. An ein Halten war nicht mehr zu denken, die Begegnung der westlichen und östlichen Alliierten in der Mitte Deutschlands nur noch eine Frage von Wochen. Sehr verschieden aber war das Verhalten der Bevölkerung in den östlichen und westlichen Kampf- und Rückzugsgebieten: Im Osten floh sie in Massen; im Westen blieb sie, wo sie war, hängte Tischtücher und Bettlaken als Zeichen der Übergabe aus den Fenstern und beschwor oft die deutschen Offiziere, ihr Dorf oder ihre Stadt nicht mehr zu verteidigen und sie so vor Zerstörung in letzter Stunde zu bewahren.«

Der Vater konnte nicht wissen, wie Adolf Hitler seinen Wahnsinn in den letzten Kriegsmonaten bis zum bitteren Ende fortsetzte, und auch nicht, was etwa Albert Speer, Hitlers Reichsminister für Rüstung und Kriegsproduktion, in seinen »Erinnerungen«[31] schrieb, die erst 1969 erschienen. Hier ein Auszug: »Plötzlich schien alles erneut in Frage gestellt. Denn von dieser Reise (10.–14. September 1944) zurückgekehrt, empfing mich der Chef des Zentralamtes, Liebel, in unserem Gästehaus für Ingenieure am Wannsee mit der Mitteilung, dass unterdessen an sämtliche Ministerien wichtige Befehle Hitlers ergangen seien. Danach musste das Prinzip ›Verbrannte Erde‹ für deutsches Gebiet rücksichtslos durchgeführt werden. Wir lagerten uns, schon um vor Zuhörern sicher zu sein, auf einer Wiese im Garten der Wannsee-Villa; es war ein spätsommerlicher, sonniger Tag, vor uns zogen langsam Segelboote vorbei. Keinem Deutschen, so resümierte Liebel den Willen Hitlers, sollte es erlaubt sein, die vom Gegner besetzten Gebiete zu bewohnen. Wer trotzdem bleibe, solle in einer Zivilisationswüste vegetieren müssen. Nicht nur Industrieanlagen, die Gas-, Wasser- und Elektrizitätswerke, die Telefonzentralen sollten vollständig zerstört werden, sondern alles, was sonst zur Aufrechterhaltung des Lebens notwendig sei: die Unterlagen für die Lebensmittelkarten, die Akten der Standes- und Einwohnermeldeämter, die Aufstellung von Bankkonten; ferner sollten die Lebensmittelvorräte vernichtet werden, die Bauernhöfe niedergebrannt und das Vieh getötet werden. Selbst von den Werken der Kunst, die die Fliegerangriffe überstanden hätten, sollte nichts erhalten bleiben: die Baudenkmäler, die Schlösser, Burgen und Kirchen, die Theater- und Opernhäuser waren ebenfalls zur Zerstörung vorgesehen. Auf Geheiß von Hitler war einige Tage zuvor, am 7. September 1944, im ›Völkischen Beobachter‹ ein Leitartikel erschienen, der die Explosion von Vandalismus in Worte fasste: ›Kein deutscher Halm soll den Feind nähren, kein deutscher Mund ihnen Auskunft geben, keine deutsche Hand ihnen Hilfe bieten. Jeden Steg soll er zerstört, jede Straße gesperrt vorfinden – nichts als Tod, Vernichtung und Hass wird ihm entgegentreten.‹«

Ich versuchte mich zu erinnern, ob ich in meinem Elternhaus als Kind je eine Zeitung gesehen hatte. Ich meine, es gab keine, nur ein Radio. Was hörten wir da? Oft sang Zarah Leander: »Ich weiß, es wird einmal ein Wunder geschehn« und auch »Davon geht die Welt nicht unter«. Auch »Lili Marleen« hörten wir oft, die unter einer Laterne stand vor einem großen Tor. Ein Lied, das der Vater besonders gern zu haben schien. Weil es mit seinen Kameraden zu tun hatte?

In meinem Kleinmädchen-Poesiealbum teilte er sich einmal in einer klar und deutlich mit Füllfederhalter niedergeschriebenen Botschaft mit: »Mein liebes Kind. Der Himmel bewahr dich vor Wetter und Wind und vor Kameraden, die keine sind.« Mich bewahrte jedenfalls damals niemand vor *ihm*.

An einem jener Kindertage, so erinnerte ich mich, berichtete er mir, wie schwer jene Zeit gewesen sei, in der er, als Gefreiter, Rekruten habe ausbilden müssen. Der Druck sei so stark gewesen, dass seine Kameraden und er sich eines Abends hätten »voll laufen« lassen. Aber am nächsten Tag mussten sie zu einer Schießübung antreten. Alle waren »neben der Tasse«. Und so machte der Vater, als seine Rekruten ihr »Soll« nicht erfüllten, für sie Löcher in die Zielscheiben. Dafür bekam er Karzer. Arrest, bei Wasser und Brot. »Und dann«, so der Vater, »geschah etwas Seltsames. Einer von der Ordonnanz holte mich aus dem Karzer und erzählte mir schon auf dem Weg zum Offizierskasino, dass die Offiziere, die dort zusammen saßen, Unterhaltung bräuchten. Sie hatten über mich gesprochen und holten mich offenbar, weil sie das, wofür ich eingesperrt worden war, so schlimm eigentlich nicht fanden. Sie wollten wohl auch unterhalten werden, deshalb holten sie mich. Aber es gab nichts, womit ich sie hätte unterhalten können. Es gab nur mich. Wie, womit hätte ich für gute Stimmung sorgen können? Auf dem Tisch stand eine Kaffeekanne. Eine Emaillekanne, die die Nummer 40 trug. Und so hielt ich einen Vortrag über die Kaffeekanne 40.« Er lachte, als er mir das erzählte.

Sein Vortrag muss wohl erfolgreich gewesen sein, denn er wurde aus dem Karzer entlassen. Hatte er diese Offiziere mit seinem Talent, seiner Verbalartistik erreicht? Oder mit seiner Mitteilung, dass er doch nur seinen Kameraden hatte helfen wollen? Von diesem Vortrag hätte ich gern eine Tonbandaufnahme gehabt.

10

In der Therapie versuchte ich noch immer herauszufinden, wann die Tür zwischen uns beiden endgültig zugeschlagen war. Es muss vor der Währungsreform gewesen sein. An diese Zeit erinnere ich mich nur in Bruchstücken, zum Beispiel, dass wir Kinder nach den kleinen Fallschirmen mit den Süßigkeiten suchten, die »die Amis« über Berlin abwarfen. Ich glaube, ich habe nie so einen Fallschirm gefunden, andere Kinder hatten mehr Glück. Es wurde geteilt. In den Päckchen waren Schokolade und auch Eispulver. Seltsame, bunte Oblaten, die köstlich schmeckten, wenn man sie in den Mund nahm und ihr fremdes Aroma wie ein kleines Abenteuer erlebte. Wir rissen die Tüten auf und ließen diese Eispulveroblaten im Mund schmelzen. In meiner Erinnerung schmeckten sie wie Kaugummi, wie etwas Köstliches aus einer anderen Welt. Einer besseren als unsere, in der es nur Trockenkartoffeln und Kohlrübenschnitzel gab.

Einmal kam doch ein Paket, wohl in der Zeit der Berliner Blockade. Viele Flugzeuge »brummten« damals über der Stadt. Jede Minute, so erfuhr ich später, landete ein Flugzeug in Berlin. Es fehlte an allem. Aber es kam auch von überall Hilfe, zum Beispiel aus England, erinnerte ich mich. Pakete mit Kleidern für uns Kinder wurden eingeflogen. In den Taschen der Mäntel (mit Etiketten, auf denen die Namen der Kinder standen, die sie vor uns getragen hatten) waren kleine Tüten mit Bonbons und anderen Süßigkeiten versteckt.

Jene Zeit. Die Nachkriegsjahre in Berlin. Wie ein Schrecken stieg da ein Bild in mir hoch. Es hatte mit Schokolade zu tun, dass die Tür zwischen uns endgültig zufiel. Das muss 1948 gewesen sein. Der Vater »schob«, wie viele andere Menschen es taten, das heißt, er machte Geschäfte auf dem Schwarzmarkt. Ich erinnerte mich an einen Koffer voller Schokoladentafeln, der auf dem Wohnzimmertisch stand, als ich aus der Schule nach Hause kam. Schokolade war damals für uns Kinder ein unvorstellbarer Genuss, der uns kaum einmal vergönnt war. Wenn wir Zucker im Haus hatten, machten wir uns daraus manchmal eine Süßigkeit. Wir schmolzen den Zucker in einer Pfanne. Wenn er hart geworden war, schlugen wir ihn mit einem Hammer in kleine Stücke … hmm, welche Leckerei. Aber Zucker war knapp. Und nun dieser Koffer voller Schokolade. Eine Versuchung, der ich nicht widerstehen konnte. Eilig stibitzte ich zwei Tafeln. Das Papier warf ich aus dem Fenster. Ich schob die restlichen Tafeln noch ein wenig durcheinander, aber der Vater merkte es sofort, als er nach Hause kam. Er rief mich mit dieser harten Stimme, und ich vermutete Schlimmes. Aber was dann geschah, hätte ich mir bis dahin nicht vorstellen können. »Nein«, wehrte ich mich, »ich habe die Schokolade nicht genommen.« Daraufhin schlug er mir ins Gesicht und schrie: »Ein deutsches Kind lügt nicht.« Da niemand sonst zu Hause war, konnte nur ich es getan haben, aber daran dachte ich in diesem schrecklichen Moment nicht. Erst versuchte er auf eine leise, fast vertrauliche Art, seiner »kleinen Naschkatze«, wie er mich nannte, ein Geständnis zu entlocken. Ich aber traute ihm nicht, denn solche Situationen hatte ich schon oft durchlebt, und er hatte nie sein Wort gehalten, wenn er versprach: »Wenn du es zugibst, geschieht dir nichts.« Immer hatte ein Eingeständnis Folgen gehabt wie Strafexerzieren oder seitenlanges Aufschreiben seiner Befehle, zum Beispiel, als er die Toilettentür aufriss, durch die ich gerade herauskommen wollte, und mich barsch darauf hinwies, dass er kein Wasserrauschen gehört habe. »Hundertmal aufschreiben: Nach dem Stuhlgang, vor dem Essen Händewaschen nicht vergessen«, schrie er. »Ein deutsches Kind ist ein sauberes Kind, das wirst du schon lernen. Also setz dich hin und schreib es hundertmal auf. Wenn du fertig bist, kannst du zum Essen kommen.« Während ich schrieb und schrieb, zählte ich immer wieder nach – waren es hundert Mal? Ich war damals gerade siebeneinhalb Jahre alt und im Rechnen noch sehr unsicher. Als er später die Anzahl der Sätze kontrollierte, fehlten drei. Nur drei! Musste ich nicht danach zur Strafe die Toilette putzen? Mit einer Zahnbürste und dabei singen? Ich wollte aber dabei nicht auch noch singen, und so ging es wieder einmal »ab« – ohne Essen in das kleine Zimmer und sofort ins Bett. Daran erinnerte ich mich wohl, als er mich seine »kleine Naschkatze« nannte und ich ahnte, dass ein Geständnis des »Diebstahls«, von dem er sprach, mich nicht vor Strafe schützen konnte. Dann schloss er die Zimmertür ab, und ich sah dieses Ding. Er hielt es bedrohlich in seiner Hand. Es hatte einen Holzgriff, daran waren sieben Lederriemen. In der anderen Hand sah ich die Papierhüllen der Schokoladentafeln, die er von unten hochgeholt hatte, und er fragte ein letztes Mal: »Hast du diese Schokoladentafeln gestohlen? Gib es zu, sonst wirst du was erleben, das du nie vergessen wirst.« Er sollte Recht behalten, denn was er mir dann antat, habe ich tatsächlich nie vergessen in meinem Leben. Wenn ich es auch, wie ich später herausfand, so verdrängte, dass es wie auch *er* »auf Nimmerwiedersehen« in meiner Kindheit verschwand. Obwohl ich fast Todesangst spürte, sagte ich noch einmal: »Nein, ich habe sie nicht gestohlen.« Dann machte ich die Augen so fest zu, wie ich konnte.

Bis heute, so schilderte ich es in der Therapie, habe ich keine Erinnerung an die Schmerzen, die mir der Vater mit diesem Ding zufügte, sondern nur so ein Gefühl des Ausgeliefertseins, des demütigenden Abgewürgtseins und der Hoffnungslosigkeit, weil mir wieder niemand helfen würde, denn die Mutter war ja noch bei der Arbeit im Krankenhaus. Wie oft das Ding auf mich niedersauste, weiß ich nicht mehr. Ich erinnerte mich daran, dass ich mich, als er endlich von mir abließ, in dem roten Inlett eines Betts verkroch wie ein kleines, verwundetes Tier. In einem Bett, das die Mutter morgens abgezogen hatte, weil »große Wäsche« angesagt war. Das bedeutete immer Mühsal. Die Bettbezüge und alle Kleidungsstücke wurden in der Badewanne eingeweicht. Dann mussten sie ausgewrungen und in die Waschküche gebracht werden. Dort wurde alles in

einem großen Zuber gekocht, immer wieder durchgewalkt, endlich gewaschen, dann wieder ausgewrungen und auf einer langen Leine aufgehängt. »Heute ist Waschtag«, hatte die Mutter schon seufzend gesagt, als sie zum Dienst gegangen war. Und nun, da ich in diesem Bett lag, hoffte ich, dass sie endlich nach Hause komme, um mir zu helfen, und dachte gleichzeitig: Ich sage lieber nichts, sie hat es schon schwer genug. Aber als sie mich fand, erzählte ich ihr doch, was geschehen war. Sie nahm mich in ihre Arme. Der Geruch ihrer Schwesterntracht, dieser saubere, schöne Geruch, hüllte mich ein wie ein Trost und eine Hoffnung auf die Antwort der nicht ausgesprochenen Frage: »Wer hilft mir?« Ich wusste, sie würde mich nicht im Stich lassen. Wie ging es ihr wohl in dieser Situation? Wir sprachen nie darüber. Aber ich erinnerte mich, dass sie sagte: »Ich komme gleich wieder, Moni.« Ich glaubte ihr, sagte aber noch leise: »Lass die Tür offen.« So konnte ich hören, wie sie den Vater in einem Ton anschrie, den ich nie vorher von ihr gehört hatte. Wie unter Schluchzen schrie sie: »Wie konntest du dem Kind das antun? Was ist nur aus dir geworden? Was hat man dort nur mit dir gemacht, dass du so etwas tun kannst?«
Diese Frage sollte auch mich so viele Jahre später umtreiben, als ich mich nach seinem Tod auf den Weg machte, den Menschen im Vater zu finden, der hinter dieser unbarmherzigen Härte doch irgendwo verborgen zu sein schien. Immer wieder, wenn mich dieses Trauma mit dem Siebenstriemer einholte, stieß ich ihn von mir. Das Buch »Männerphantasien« von Klaus Theweleit[32] gab mir in dem Kapitel »Prügel« Einblicke

in einige soldatische Zuchtrituale mit Peitschen, Stöcken und anderen Hilfsmitteln, die mit Schikane nichts mehr zu tun haben konnten. Das war Folter.
»Und geht auch alles drunter und drüber in dem Reich, wir geben feste Zunder und hauen windelweich.« Theweleit berichtet von Machtausübung an Opfern, die der Ohnmacht nahe waren. Nein, so wollte und konnte ich den Vater nicht sehen. Weiter las ich: »Prügel in jeder Form sind dem soldatischen Mann etwas äußerst Vertrautes. Schmerzhafte Zugriffe von außen gegen seine Körperperipherie, in seine Muskulatur, habe ich als den Vorgang verstanden, durch den der Nicht-zu-Ende-Geborene überhaupt ein *stabiles* Körper-Ich, so etwas wie eine psychische Ich-Instanz bekommt. Es liegt nahe anzunehmen, dass die Prügel, die er selbst austeilt, mit dem Vorgang seiner eigenen Ich-Werdung zu tun haben.«
Ich fühlte beinahe Erleichterung, so schrecklich es auch war, was ich erfuhr. Ich hatte also keine Schuld daran. Schuld, die er mir oft zugeschoben, entgegengeschrien hatte, wenn ich nach den Prügeln heulte und auch meine Mutter weinte: »Da siehst du, was du deiner lieben Mutti angetan hast. Jetzt weint sie.« Dieser Vorwurf hatte immer ein Schuldgefühl in mir ausgelöst und verhindert, dass ich meine Traurigkeit, so behandelt worden zu sein, meinen Schmerz und meine Hilflosigkeit zulassen konnte. Diese Gefühle drückte ich damals weg und verhielt mich leise, damit wieder alles gut werde. Aber dadurch starb auch immer mehr jegliches Gefühl für *ihn*.
Nach allem, was ich bis dahin erfahren hatte, auch vom

NS-Rekrutenschliff und darüber, wo und unter welchen Bedingungen der Vater dem »Vaterland« als Soldat »gedient« hatte, begann ich mich zu fragen, was er damals an mich weitergab, als er bei diesen Schlägen und Prügeleien wie »außer sich« war. Hatte sich da etwas von ihm »geäußert«? Er hatte, so sah ich es nun, damit etwas aus sich herausgelassen, das sich tief in ihm, auch durch Drangsal, abgeforderte Unterwerfung, aufgestaut hatte. Sagte er nicht oft in Momenten der Schwäche: »Entschuldige, ich bin unterworfen«? Hatte er sich womöglich durch seinen bedingungslosen Gehorsam von sich selbst verabschiedet, ohne es zu merken? Musste ich deshalb damals für sein Verlustgefühl herhalten, mich hinhalten? Ich war offenbar in jener Zeit so etwas wie ein Blitzableiter für ihn, nach allem, was er durchlebt hatte und mit sich herumschleppte.

Das schien eine Erklärung zu sein, aber diese anzunehmen, um ein Verständnis für ihn herzustellen, war mir nicht möglich. Der Weg zur Versöhnung mit ihm schien an diesem Schmerzpunkt zu scheitern. Er versperrte weiterhin den Zugang zu dem *menschlichen* Vater, den ich doch zu finden versuchte. Dem ich erst kurz vor seinem Tod begegnet war. Oft dachte ich, wenn er nur einmal gesagt hätte, dass er »all das« bedauere, es hätte der Beginn eines Dialogs gewesen sein können. Durch seine Monologe, die ihm anerzogene Rhetorik, von der ich nun wusste, woher sie kam, und seine Abforderungen, die ich nie verstanden hatte, war er für mich von Anfang an ein Fremder gewesen. Wann hatte das begonnen?

Könnte es nicht schon 1943 gewesen sein? Ich war, meine ich, drei Jahre alt, als er einmal auf Heimaturlaub kam. Die Freude war groß, hielt aber nicht lange an, denn nachdem ich schon damals offenbar »unfolgsam« gewesen war, musste ich meine Hände über meinem Kopf wie zu einer spitzen Tüte halten und auf unserem Esstisch, unter meinen Füßen eine rutschige Häkeldecke, auf und ab gehen und unter Tränen singen: »Hier tanzt ein Bi-ba-butzemann.« Ich wollte nicht singen und verstand nicht, was er meinte, als er sagte: »Du wirst gehorchen lernen.« Stellte ich damals schon in Frage, dass *der* mein lieber Vati war?

Fast drei Jahre war ich nun schon auf der Suche nach ihm, und der bedrohliche Schatten zwischen ihm und mir wurde wieder höher. War es doch noch möglich, ihn zu finden? Ich versuchte mich zu erinnern, wie es war, als es eines Tages hieß: Der Vati ist wieder da aus dem Krieg. Er, von dem oft gesprochen wurde und den ich überhaupt nicht kannte. Es verblüffte mich, wie viel mein Gedächtnis gespeichert hatte. Da war so viel Verdrängtes in meinem Kopf, gegen das ich mich lange gewehrt hatte. Der Schmerz der Kindheit war die Sperre zu dem Vater. Über sie half mir die Erinnerung an die Zeit nach dem Krieg hinweg. Vieles hatte er doch auch gut gemacht, nachdem er im Frühsommer 1946 aus der amerikanischen Kriegsgefangenschaft zurückgekehrt war. Mit dieser ersten kurzen Erinnerung fing ich an, rückwärts zu laufen. Zurück in eine Zeit, mit der ich eigentlich nichts mehr zu tun haben wollte, weil sie mit Schmerz besetzt war, einem Schmerz, den ich damals nie fühlen durfte und der mich nun, nach so vielen Jah-

ren, antrieb herauszufinden, worin er eigentlich bestand.
Zu meinem Erstaunen kamen die Bilder wie in einem Film. Warum war ich, als ich schon in der Volksschule war, noch nicht getauft? Weil meine Mutter, wie später für mich ersichtlich wurde, der Meinung war, eine christliche Taufe passe nicht zum Lebensweg des Vaters? Schließlich wurde ich dann aber doch getauft, katholisch, wie die Eltern entschieden. Wir Kinder wurden zu jener Zeit nicht gefragt. Meine Taufpatin war die Haushälterin des Pfarrers, den der Vater oft den Pfaffen nannte. Dass der im KZ drei Finger verloren habe, wie es in unserer Gemeinde erzählt wurde, glaubte er nicht. Ich sah aber, dass ihm die Finger fehlten, wenn er den Kelch hochhielt, in dem Wein in Blut umgewandelt werden sollte, und wir Kinder vor Ehrfurcht erstarrt in den Bänken knieten. KZ? Davon hörten wir damals schon ab und zu. Niemand aber erklärte uns, was das bedeutete.
Auf der anderen Seite der Straße, in der wir wohnten, die Mutter, meine Schwester und ich, hatten amerikanische Soldaten, die »Amis«, Quartier bezogen. Die Frauen, so auch meine Mutter, hielten die Familien »über Wasser«, wie es hieß, indem sie die Uniformen der Soldaten wuschen und bügelten. Auch im Flur unserer Wohnung hingen frisch gebügelte Uniformen, als der Vater aus der Kriegsgefangenschaft kam. Es muss wie ein Schock für ihn gewesen sein, als er die Uniformen der Sieger sah. Das habe sofort aufzuhören, befahl er. Kurz darauf geschah etwas Bedrohliches.
Mitten in der Nacht, wir schliefen schon, hämmerten

die Amis an unsere Wohnungstür und wollten meine Mutter sprechen. Meine Schwester und ich, knapp sechs und neun Jahre alt, guckten ängstlich durch das Schlüsselloch unseres Kinderzimmers. Als der Vater die Tür einen Spalt öffnete, die mit einer Kette gesichert war, stellte ein Soldat den Fuß in die Tür. Da nahm der Vater die Kette ab. Er hatte ein Kappmesser in der Hand, das er, wie ich später hörte, dazu gebraucht hatte, verknotete Seile seines Fallschirms zu durchtrennen. Es gab einen Kampf in dieser Nacht, den wir beiden kleinen Mädchen beobachteten, aber wir sagten nichts, zu niemandem. Fanden wir den Vati mutig, weil er uns verteidigte und schützte? Sicher. Zu fragen wagten wir nicht, und es wurde am nächsten Morgen auch nicht darüber gesprochen. Wohl aber hörten wir, dass der Vater zur amerikanischen Militärpolizei musste, denn einer der Amis hatte bei diesem Kampf mit ihm sein Erkennungsarmband verloren. Ich meinte mich zu erinnern, dass man dem Vater dort Dollars anbot, um ihn zum Schweigen zu bringen. Dollars waren damals ein Vermögen, aber der Vater lehnte sie ab. Das hatte Folgen.

Einige Tage darauf bekamen die Eltern eine Nachricht, dass wir unsere Wohnung zu räumen hätten. Sie sei beschlagnahmt für die Amerikaner. Hieß das nicht Zwangsräumung?

Dann kam diese Nacht voller Unruhe, in der der Vater in der Eile rettete, was zu retten war. Von irgendwoher hatte er einen Plattenwagen besorgt, auf den die Eltern im Hinterhof alles luden, was sie tragen konnten. Er zog den Wagen mit einem Haltegurt über der Schulter durch die stockdunklen Straßen. Hinten schob die Mutter, und wir beiden Mädchen saßen auf den geretteten Möbeln und Federbetten. Wir wussten nicht, wohin es nun gehen sollte, aber wir vertrauten ihm. Er würde es schon schaffen, der Vati. Und er schaffte es auch. War ich damals stolz auf ihn? Bestimmt. Ich muss zugeben, dass ich bei dieser Erinnerung zunächst einen trockenen Hals bekam und plötzlich registrierte, dass ich weinte. Ja, Dank dafür hatte er sicher verdient, den er später immer zu vermissen schien, wenn er sagte: »Ich tat *danach* doch alles für meine Familie.« Er war damals dreiunddreißig, die Mutter einunddreißig Jahre alt. Beide waren sehr jung und sicher total überlastet. Wir zogen bei Nacht wie benommen in eine unbewohnte Wohnung einige Straßen weiter. Einige Monate haben wir dort wohl zugebracht, dann hieß es wieder: Schnell packen und raus.

Warum, erfuhren wir nicht. Wir zogen jedenfalls in eine andere leer stehende Wohnung im selben Viertel, Friedenau, die der Vater gefunden hatte. »Zugenagelt war die«, schilderte er später oft jenen Umzug, mit dem er seine Familie rettete. »Es gab keine Fenster, aber ich hatte ja Zimmermann gelernt. Das war nun gut, denn so konnte ich die Bude für uns bewohnbar machen.« Aus alten Bilderrahmen, die er in der Wohnung entdeckte, nahm er das Glas heraus und baute kleine Fenster, damit wir Licht in diesem dunklen Loch hatten und uns dort einrichten konnten.

Immer ging es darum, Holz zu organisieren, von dem in den zerbombten Häusern zunächst noch genügend vorhanden war – Türen, Fensterrahmen und anderes

mehr. Jedenfalls kam der Vater meist mit einem Rucksack voll Holz nach Hause. Durch die Straßen zogen viele Menschen mit Handwagen, alle auf der Suche nach Heizmaterial, das immer knapper wurde. Wir aber froren nie in der Küche in diesem Winter. Der Krieg ist aus, endlich ist der Krieg aus, hörten wir oft, aber Angst hatten wir trotzdem. Wovor? Wir hatten Angst, dass wir auch diese Wohnung wieder verlassen müssten, wenn die Menschen, denen sie gehörte, zurückkämen. Uns erzählte niemand, wohin sie verschwunden waren. »Irgendwo müssen wir schließlich auch bleiben«, hatte der Vater, wie uns erzählt wurde, auf dem Wohnungsamt gesagt. Und von der Mutter hörten wir oft: »Die Kriegswinter waren schon immer die härtesten. Wie gut, dass wir doch einiges retten konnten. Vor allem die schönen, warmen Federbetten aus Oberschlesien von der Mama.«
Diese dicken Federbetten, in die die Eltern uns Kinder am Küchenherd, den der Vater einheizte, bis er rot glühte, einwickelten, bevor wir ins Bett gesteckt wurden. Diese Wärme, für die der Vater gesorgt hatte, glaubte ich plötzlich zu spüren – und damit empfand ich auch etwas für ihn in diesem Moment. Hatte er damals auch mich in dieser angewärmten Decke ins Bett getragen, an der morgens eine Eiskruste von meinem Atem war? »In den anderen Zimmern war es eiskalt«, hörten wir später oft, »nur die Küche war beheizt.« Damals hatte die Mutter auch gesagt: »Schade um die beiden großen Kopfkissen aus Gänsedaunen, die Paradekissen, die wir für die Russen rausrücken mussten.«

Die Russen waren ja vor den Amis gekommen. Davon wusste ich nicht mehr viel. Nur, dass es nach all den vielen Tagen im Luftschutzkeller war, als die Mutter oft in ihrer Schwesterntracht nach draußen ging, um zu sehen, was dort geschah. Sie erzählte von Christbäumen, die auf die Häuser herunterfielen. Ist denn jetzt Weihnachten?, dachte ich damals. Aber es war kein Weihnachtsfest in Sicht, und Geschenke gab es auch nicht. Es gab Bomben, Staub, Schutt und Furcht, wenn die Sirenen heulten und wir alle wieder in den Keller mussten – die Mutter, meine Schwester und ich, zusammen mit anderen Kindern und Frauen aus der Nachbarschaft. In diesen Luftschutzkeller, in dem es immer hieß: »Leise, ganz leise.« An dessen Decke nur eine Glühbirne für Licht sorgte. Eines Tages bummerte es an die Eisentür. Eine Frau sagte: »Jetzt sind die da.«

Ein fremder Mann mit einer Lederkappe auf dem Kopf schaute herein. Aus seinem Mund blitzte es, als das Licht auf ihn fiel. Dann tauchten noch mehr auf, alle mit diesen blitzenden Zähnen. Die haben ja Goldzähne, sagte eine Nachbarin. Sie kamen in den Keller, in dem wir Kinder uns an den Frauen festhielten und die Frauen sich an uns. Vieles, was dann geschah, als »der Russe« da war, erinnerte ich nur aus Erzählungen. Wie die Russen zum Beispiel unser Kaffeegeschirr benutzten, um daraus Wodka zu trinken. »Die tranken Wodka aus unseren Tassen, und dann schmissen sie sie an die Wand. So blieben nur zwei Tassen übrig«, erzählte die Mutter später oft.

Mir kommt es so vor, als sei ich dabei gewesen, als sie uns die beiden großen Kopfkissen abnahmen. Ein hohes Tier der Russen, hieß es, sei gestorben. Für sein Grab auf dem Platz vor der Kirche mussten wir die Kissen hergeben. Die Mutter war dem Weinen nahe, weil sie doch von ihrer Mutter aus Hindenburg stammten, aber sie gab sie den Soldaten, damit sie schnell wieder abzogen. Das hatte einen Grund: Kurz zuvor hatte ein junger deutscher Soldat in Uniform vor unserer Tür gestanden. Er war verwundet und »abgehauen« aus dem Krieg, so hieß es. Die Mutter hatte ihn verbunden und ihn im Keller unter einem Sack versteckt, der mit bunten Papierschnitzeln gefüllt war. Wir kleinen Kinder mussten uns vorsichtig darauf setzen, bis die Russen weg waren. Dann konnte der junge Mann hervorkommen, und Mutter legte ihm eine Schiene an seinen Arm. Niemand erzählte uns, wohin er danach verschwand, nur, dass es sehr gefährlich war, einem deutschen Soldaten zu helfen. Keiner durfte es wissen, und ich hatte Angst, dass man die Mutter abholen könnte und sie dann nicht mehr da wäre wie der Vater, der auch schon so lange weg war und von dem die Mutter immer sagte, alles werde wieder gut, wenn er nur bald zurückkäme aus dieser Hölle, diesem Krieg, den wir uns nicht vorstellen konnten.

Immer mehr Bilder tauchten auf, als ich mich in die Nachkriegszeit zurückversetzte. Dabei schien mir der Vater in einigen Szenen näher zu kommen. Offenbar waren wir das Einzige, was ihm geblieben war. Er hoffte, von uns Anerkennung zu bekommen für das, was er im Krieg geleistet hatte. Wandte er sich an mich, weil sonst niemand, schon gar nicht meine Mutter, zuhörte? Erzählte er mir deshalb vom Krieg, weil er es irgendwie loswerden musste und sich entlasten wollte? Wie sollte ich das verstehen, klein, wie ich war, und bald auch mehr und mehr konfrontiert mit anderen Altlasten, die er aus der Zeit »vorher« mitbrachte, dem Drill für seinen Einsatz in diesem Krieg, von dem ich nichts wusste? Nein, ich wollte die Erinnerungen nicht mehr zulassen, wie das war, als er begann, diese Methoden an mich weiterzugeben, gegen die ich mich offenbar mit aller Macht, die mir zur Verfügung stand – groß war sie nicht –, gewehrt hatte. Die Schrecken der demütigenden Abrichtungsrituale meldeten sich zurück und schienen dem Vater wieder keinen Raum zu geben. Er hatte, wie ich immer deutlicher erkannte, in den Nachkriegsjahren vor allem mit einer Leere zu kämpfen, in die er *nach* »der Sache« geraten war, nun ohne Uniform und Orden und vor allem ohne Perspektive.

Denn Arbeit gab es zunächst wieder nicht. Jedenfalls nicht für ihn. So machte er, wie viele andere Männer und auch Frauen kurz vor der Währungsreform, Geschäfte auf dem Schwarzmarkt, um zur Ernährung der Familie beizutragen. Es muss 1947 gewesen sein, als er die ersten Bananen mitbrachte. Ich biss in eine dieser Bananen – niemand hatte mir gesagt, dass man sie schälen musste – und konnte nicht verstehen, wie einem das schmecken sollte. Heute meine ich, es war mit vielen Dingen so. Nichts wurde uns erklärt. Wir Kinder schwammen mit den Eltern wie in einem großen Teich, in dem niemand ertrinken wollte, alle umherruderten und sich niemand mitteilte, warum einem das Wasser eigentlich bis zum Hals stand.

Oft hatte der Vater später von der Schwarzmarktzeit erzählt, wie er zum Beispiel einmal mit einem Rucksack zu einem Schlachthof in den Ostsektor Berlins fuhr. Wir wohnten im Westsektor, da hätten wir Glück gehabt, hieß es oft. Warum das so war, hatte uns Kindern niemand gesagt. Im Ostsektor lebte eine Frau, die die Mutter aus Oberschlesien kannte. Ihr Mann arbeitete auf diesem Schlachthof. Der Vater erzählte uns davon, als hätte er einen großen Spaß erlebt, wie er mit seinem Rucksack voller frischer Schweineleber mit der S-Bahn nach Hause gefahren war. Wie ihm die Hunde nachgelaufen seien, weil aus dem Rucksack Blut tropfte, und er die Beine in die Hand genommen habe, um den Hunden und der Polizei zu entwischen, weil er uns doch etwas Gutes zum Essen habe bringen wollen. Was hatte er dem Mann der Freundin meiner Mutter dafür im Tausch gegeben? Umsonst gab es nichts damals, meinte ich gehört zu haben. Dann sah ich, wie die Eltern einen kleinen, völlig verdreckten Teppich, den der Vater vom Schwarzmarkt mitgebracht hatte, mit einem Päckchen säuberten. Es bestand aus Sauerkraut, das mit Bindfäden verschnürt war. Das Sauerkraut holte die schönen Farben aus dieser kleinen Brücke, einem Orientteppich, hervor. Das mache die Milchsäure, erklärten sie uns. Diese Brücke brachte er dem Ostberliner Metzger.
Ich konnte mich sehr gut an den ersten Besuch bei der Freundin meiner Mutter erinnern, denn sie zeigte uns etwas, das ich bis dahin noch nie gesehen hatte. Sie öffnete ihren Kleiderschrank und führte uns ihre schönen Kleider und ihre Unterwäsche vor. Seidene, rosa Hemdhöschen und durchsichtige Strümpfe. Die ersten

Nylons hatten bei ihr offenbar schon Einzug gehalten, weil ihr Mann auch »schob« und daher solche schönen Sachen besorgen konnte. Ein Paar dieser Strümpfe schenkte sie Mutter. In meiner Erinnerung waren sie wie Schmetterlinge, die man nicht berühren durfte, so zart schienen sie mir zu sein. Hat meine Mutter diese Nylonstrümpfe jemals getragen? Niemand bei uns hatte solche feinen Sachen. Auf unseren Wäscheleinen hingen andere Kleidungsstücke, steife, lachsfarbene Mieder mit vielen Metallösen und Schnüren. Im Wind flatternde Schnüre, die die Frauen in diese Mieder, die man Korsetts nannte, zu verpacken schienen. Die wegpackten, was »nicht anständig« war.
Wie wurden diese Nylons festgemacht? Um das zu erinnern, hätte mir meine Mutter einmal in Unterwäsche begegnen müssen. Ich hatte sie aber nie ohne Kleider gesehen. Den Vater sowieso nicht. Man hielt sich bedeckt. Frauen, die sich aus leiser Sehnsucht nach etwas Sinnlichem, etwas Luxus wie zum Beispiel solchen feinen Strümpfen, die sie sich nicht leisten konnten, mit einem Augenbrauenstift eine Naht hinten auf die Beine malten, sich auch noch die Lippen knallrot schminkten, nannte man im Lyzeum, auf der Klosterschule, die ich zu dieser Zeit schon besuchte, »Zölibatsverstärker«. Das war unschicklich, so etwas gehörte sich nicht. Deutsch zu sein hieß noch immer vor allem, sauber zu sein. Blank geputzt wie in der Nazizeit, in der Sinnlichkeit keinen Platz zu haben hatte. Trotzdem hatten die Frauen viele Kinder bekommen. Nur für den Führer? Wo hatte ich das gehört: »Augen zu und durch, es war fürs Vaterland?« Hatten die Frauen sich das unterei-

nander erzählt, als wir Kinder oft vor die Tür gehen mussten?
Ein Mädchen tauchte in meiner Erinnerung auf, das von seiner Mutter durch unsere Straße geführt wurde. Es hatte einen sehr großen Kopf, der auf einem kleinen, dünnen Hals hin und her zu schwanken schien. »Das ist ein Wasserkopf, der kommt von der Syphilis«, sagte Mutter. »Wenn die Männer auf Heimaturlaub kamen, rutschten sie eben mal über ihre Frauen rüber. Was die aus dem Krieg mitbrachten, zeigte sich, wenn ihre Ehefrauen danach Kinder bekamen. Die hatten dann oft so einen Wasserkopf. Gottlob lebten die nie lange. Ach, dieser Krieg.«
Immer war der Krieg schuld, der stets präsent zu sein schien. Er war wie ein Gespenst. Was hatte Mutter damit gemeint, als sie sagte: »Wenn die Männer auf Heimaturlaub kamen, dann rutschten sie eben mal über ihre Frauen rüber«? Danach fragte ich sie nicht. Es musste etwas Schlimmes sein. Das blieb haften. Für ein kleines Mädchen eine bedrohliche Schilderung, wie Männer mit Frauen umgingen. Fragen und Gespräche zum Thema Sexualität waren nicht erwünscht. Auch über den Schwarzmarkt wurde nicht gesprochen, der neben Lebensmitteln Angst ins Haus brachte. Besonders wenn »Razze« war, wie der Vater es nannte. Razzia. Wenn die Polizei kam und die Schieber jagte. Dann, so hatte er später oft wie belustigt erzählt, flog schon mal schnell eine Speckseite über einen Zaun, oder ein Koffer mit Süßstoff, damals ein Vermögen wert, landete in einem Vorgarten. Wie einmal im Regen, als die vielen Päckchen im Versteck aufweichten und er nach der

Razze an den Ort zurückkehrte, um zu retten, was noch zu retten war. Bis zu den Knöcheln hätte er in dieser süßen Brühe gestanden. Einige Frauen seien mit Tassen und Töpfen gekommen, um die aufzuschöpfen. Lachte ich darüber? Vielleicht. Er konnte gut erzählen.

Eines Tages aber kam die Polizei auch zu uns ins Haus. Wir Kinder spürten die Bedrohung, als sie den Vater abführten. Nach kurzer Zeit war er wieder da. Lachend meinte er nur: »Halb so schlimm. Einen hatte ich erkannt. Der schob selber am Handjeryplatz. Die Sache ist erledigt. Es sind eben harte Zeiten, auch für Polizisten.« Fand ich ihn mutig, weil er keine Angst zu haben schien vor den Polizisten? Ich meine, ja, aber ich nahm auch wahr, dass der Vater auf dem Revier nicht die Wahrheit gesagt hatte. Hatte er mich nicht schon wegen kleiner, kindlicher Schwindeleien oft hart bestraft? Mich angeschrien: »Ein deutsches Kind lügt nicht«? Gesagt habe ich nichts, wie immer, denn oft zauberte der Schwarzmarkt auch so etwas wie Glück in unsere Küche.

Manchmal brachte er »Bohne« mit, grüne Rohkaffeebohnen, die erst geröstet werden mussten, bevor sie, in einer Kaffeemühle mit der Hand gemahlen, in einen Filter gefüllt wurden. Einen Porzellanfilter. Wir hatten ihn noch viele Jahre später in der Familie, und ich bin ihm bis heute treu geblieben.

Damals aber war anderes wichtig. Alle Fenster mussten geschlossen werden, damit draußen niemand die »Bohne« riechen konnte, mit der der Vater unsere Mutter beglückte. Wenn es dann noch ein Stück Speck gab, den er für uns auf einem großen Holzbrett abschnitt und uns Kindern auf das Schwarzbrot legte, dann strahlte er, und Mutter sagte: »Das hast du gut gemacht, Werner.« Dann schien auch noch Liebe zwischen ihnen aufzuflackern, die später aber mehr und mehr, so beobachtete ich es als Kind, abhanden kam. Mutter schien sich immer öfter von ihm zurückzuziehen. Besonders wenn er mich anbrüllte, »auf Trab« brachte und schlug.

Diese Erkenntnis brachte ein weiteres Stück Licht ins Dunkel. Wärme und Schutz, die ich damals fühlte, wenn ich mich an sie kuschelte im Bett, sah ich jetzt mit anderen Augen. Ich hatte Mutter auch vor ihm geschützt.

In dem Buch »Abwesende Väter« von Hartmut Radebold hatte ich ja gelesen, dass rund zwanzig Prozent der Nachkriegsehen geschieden worden waren. Auch in meiner Erinnerung tauchten bedrohliche Situationen aus dieser Zeit auf, in der es zwischen den Eltern häufig krachte, wenn er schrie und sie weinte. Es wurde uns nicht erzählt, warum sie so oft stritten, auch nicht, als der Tag kam, an dem uns Kindern mitgeteilt wurde, dass die Eltern sich scheiden lassen und trennen würden. Wir sollten sagen, bei wem wir bleiben wollten. Ich muss zehn Jahre alt gewesen sein, denn es war Silvester 1950.

Auf der Klosterschule hatte ich gerade meine erste kleine Medaille bekommen, eine dünne, aus Aluminiumblech geprägte Medaille für gutes Betragen, was damals vor allem bedeutete, den Mund zu halten und keine Fragen zu stellen. Es sollte meine einzige Auszeichnung dieser Art bleiben. Auch in meinen späteren

Zeugnissen auf dem städtischen Gymnasium stand: Monika unterbricht oft den Unterricht durch Zwischenfragen. Sie muss ruhiger werden.
Am Vorabend des Tages, an dem sich meine Eltern trennen wollten, meine Mutter aber für den Vater noch bügelte, legte ich ihm diese kleine Medaille auf seinen Wäschestapel. Er tat mir so Leid, weil meine Schwester und ich uns auf die Frage, bei wem wir bleiben wollten, beide für Mutter entschieden hatten. Mir war elendig zumute, weil er doch nun so allein sein würde. Ich konnte mir dieses Mitgefühl im Nachhinein nur aus dem Empfinden der gemeinsamen Einsamkeit erklären, seines und meines Alleinseins, in das er mich zu der Zeit schon getrieben hatte.
Am nächsten Morgen, dem Neujahrstag, war der Wäschestapel verschwunden, und der Vater und die Mutter hatten sich, wie uns Kindern mitgeteilt wurde, »wieder vertragen«. Sie hatten uns nicht gesagt, warum sie sich trennen wollten, und wir erfuhren auch nicht, warum sie nun wieder Frieden geschlossen hatten. Hatte er damals die kleine Medaille und mein Angebot an ihn wahrgenommen? Hatte er sie mir wortlos zurückgegeben? Sie womöglich nicht beachtet? Daran konnte ich mich nicht erinnern. Konnte er keine Gefühle für mich zulassen? Warum nicht? Kommandierte er mich oft ab aus dem Bett der Mutter, weil ich seinen Platz besetzte, den er suchte und brauchte, für sich meinte beanspruchen zu können, weil er ihm zustehe? War auch das ein Grund, weshalb er mir oft mit dieser Kälte, dieser Aggression gegenübergestanden hatte? Mit diesen harten Augen auf mich schaute? Wurde ich

von ihm »herangezogen«, damit er seinen Druck ablassen konnte?
Alle schienen damals unter Druck zu stehen, und alle unterdrückten den Druck. So konnte nichts gut gehen, und doch musste es irgendwie weitergehen.
Weil aber nichts aufgeräumt war, nach »der Sache«, sprach man nur einige Jahre später von einem aufflackernden Neofaschismus. Der war so neu nicht, wie ich dem von Hans-Jürgen Schultz herausgegebenen Buch »Sie sind wieder da. Faschismus und Reaktion in Europa« entnehmen konnte[33], in dem es heißt: »Neu daran war fast nichts. In Wirklichkeit handelte es sich um Altfaschismus.«
Es war offenbar der nicht aufgearbeitete Altfaschismus, wie ich es auch in dem von Hans-Gerd Jaschke, Birgit Rätsch und Yury Winterberg herausgegebenen Buch »Nach Hitler« las[34], der dazu führte, dass es bereits Ende der siebziger Jahre amtliche Zahlen über rechte Militanz gab, die eine eindeutige Sprache sprechen: »Zwischen 1974 (136 Fälle) und 1980 (1643 Fälle) steigt die Zahl der bekannt gewordenen Straftaten von rechts kontinuierlich an; mehr als zwei Drittel der Täter sind noch nicht dreißig Jahre alt. Die Gewalt von rechts war eine Konsequenz aus der neu formierten rechtsextremen Jugendszene der siebziger Jahre. Zu dieser Zeit gewann sie an Zulauf von militanten Jugendlichen einer Nachkriegsgeneration, die den Provokationswert der NS-Symbole in einer Gesellschaft entdeckten, die mit ihrer Vergangenheit nicht umzugehen gelernt hatte.«
Und wir Kinder? Was lernte *ich* eigentlich als Kind?

1946/47 wurde ich eingeschult. Wir waren etwa vierzig bis fünfzig Kinder in der Klasse. Lehrer waren knapp, und die, die wieder antraten, um zu unterrichten, brachten uns auch noch viel aus der Zeit bei, die nun eigentlich vorüber war. So mussten wir zum Beispiel morgens unsere Hände vorzeigen, und wenn die Fingernägel nicht sauber waren, gab es einen Schlag mit dem Lineal. Solche Schläge auf die Hände bekam ich nie, denn ich hatte nie dreckige Fingernägel. Dafür sorgte zu Hause schon der Vater, schließlich sollte ich ein deutsches, sauberes Kind werden.

Mein Grundschullehrer, Herr Noack, kam aus dem Ostsektor Berlins. Ich meinte mich zu erinnern, dass er ein guter Lehrer war, auch wenn er mit uns nie über die Zeiten sprach, in denen wir nun lebten, und wie es dazu gekommen war. Darüber erfuhr ich auch später auf dem Gymnasium nichts. Durften die Lehrer davon nicht sprechen? Konnten sie es nicht? Gab es dafür noch keine Lehrpläne? Einiges aber gefiel mir gut bei Herrn Noack. Er organisierte Familienausflüge in die Umgebung Berlins. Das gehörte zum Fach Heimatkunde. Wir fuhren mit dem Dampfer in die Müggelberge und auch in den Spreewald. Alle brachten mit, was sie hatten. Es gab Kartoffelsalat, Bouletten, hart gekochte Eier und Götterspeise mit Vanillesauce. Nach dem gemeinsamen Essen auf Decken im Gras schienen sich die Erwachsenen von Lasten auszuruhen, von denen wir Kinder nichts wussten.

Wir hatten Spaß beim Sackhüpfen und Eierlaufen. An kleinen Spurtläufen, an deren Ende Bonbons auf uns warteten, die Herr Noack aus einer Wundertüte zauberte. Das war lustig, und wir liebten unseren Lehrer, der diese schönen Ausflüge möglich machte in einer Zeit, in der uns sonst so vieles bedrohte. Erzählte er uns nicht auch von den Sorben? Ich erinnerte mich vor allem an die saftigen Gurken aus dem Fass und an die Boote, in denen er mit uns durch die Kanäle des Spreewalds fuhr. Es war eine heile Welt und eine andere als die, in der ich mich damals oft verloren fühlte.

Die Gurken waren nur ein kleiner Trost. Anschließend ging es wieder darum, mich zu Hause zurechtzufinden, wo mir mein Recht vorenthalten wurde zu sagen, was ich dachte, und wo das Schweigen und die Abrichtung weitergingen. Die Art, wie er versuchte, meinen Willen zu brechen, erkannte ich damals noch nicht als faschistisch. Nun schon! War ich in einer Nazifamilie aufgewachsen? Ich meine nicht. Eher wurde mehr und mehr erkennbar, dass ich mit Eltern aufgewachsen war, die noch immer von der NS-Zeit geprägt waren und offensichtlich keinen Weg aus dieser Bewegung gefunden hatten. So blieben wir miteinander weiterhin in diesem Dilemma wie festgezurrt.

Aus meiner Volksschulzeit erinnerte ich mich vor allem an einen besonderen Geruch: Bohnerwachs und kalte Kohlsuppe auf der Schultreppe, als es noch die Schulspeisung gab. Wir Kinder hatten nicht nur ein Schwämmchen an der Schiefertafel, das aus dem Ranzen baumelte, sondern auch alle ein Kochgeschirr am Ranzen hängen. Wenn es in der Pause Kakao und Rosinenbrötchen gab, standen wir erwartungsvoll in einer langen Schlange, bis wir an der Reihe waren. Das war für uns wie ein Fest, im Gegensatz zur Kohlsuppe, ob-

wohl einige Kinder sie im Kochgeschirr mit nach Hause nahmen, weil es dort sonst gar nichts gab. Viele von uns mochten diese Suppe nicht, die oft nur lauwarm war in dem großen Kessel, der mittags gebracht wurde und in dem fettige Fleischstücke schwammen. Wir verkleckerten diese Eintöpfe auf der Treppe, wenn wir aus der Schule stürmten, wo sie sich mit dem Bohnerwachs vermischten und diesen ekligen Geruch entstehen ließen, den ich heute noch zu riechen meine, wenn ich daran denke. Manchmal gab es auch Milchsuppe mit Klößchen, in der Würmer schwammen. Die, wie Mutter sagte, sicher aus den Haferflocken kämen, die zu lange und feucht gelagert worden seien.
Das aber war nicht der Grund, weshalb meine Schwester und ich dort ausgeschult wurden und zu den Franziskanerinnen aufs Lyzeum kamen. Der Vater hatte gesagt, dass wir in der Volksschule mit so vielen Kindern in einer Klasse nichts lernen könnten. »Wenn wir auch sonst nicht viel haben, ihr sollt eine gute Schulbildung bekommen, denn die kann euch nie jemand nehmen. Koste es, was es wolle.« Die Schule war teuer. Das Lyzeum war eine Privatschule, für die Schulgeld bezahlt werden musste. Bücher und weiteres Lehrmaterial kosteten extra. Hinzu kamen die Monatskarten, die wir brauchten, um mit der Straßenbahn dorthin zu fahren. Die Eltern machten das möglich in diesen schweren Zeiten. Sie verzichteten dafür sicher auf viele Dinge. Für die Entscheidung des Vaters, uns auf eine gute Schule zu schicken – eine bessere als die reguläre –, meldete sich in mir ein Gefühl für ihn. Er hätte sicher später gern einmal meine Dankbarkeit gespürt. Aber

zwischen uns hatte sich so viel angestaut, dass wir nicht mehr füreinander zugänglich gewesen waren. Erst jetzt, Jahre nach seinem Tod, ging bei diesen Gedanken die Tür, die uns getrennt hatte, wieder einen kleinen Spalt weit auf.

Im Lyzeum herrschten Zucht und Ordnung, aber ich hatte noch Glück, denn meine Klassennonne, Schwester Wilhelmine, war eine Frau, die mir trotz des Ornats, der strengen Tracht, lustig erschien. Ihre Haube saß immer etwas schief, und wenn sie in die Hände klatschte und sagte: »Audite, puellae« – »Hört zu, Mädchen«, tat ich das gern. Was hätte sie mir wohl geraten, wenn ich ihr erzählt hätte, was der Vater zu Hause von mir verlangte? Aber auch in der Klosterschule, in einer Klasse mit nur sieben Mädchen, ging es darum, keine Fragen zu stellen, sondern nur zu tun, was die Nonnen forderten. Der Schulplan musste eingehalten werden, und der bestand vor allem aus regelmäßigem Beten, vor Schulbeginn, vor und nach jeder Stunde und nach Schulschluss. Vor Klassenarbeiten mussten wir beten: »Komm, Heiliger Geist, erleuchte mich.« Er erleuchtete mich aber nicht, besonders nicht vor Mathematikarbeiten, was mich früh am blinden Glauben zweifeln ließ und ungefähr zehn Jahre später dazu führte, dass ich, ohne die Eltern zu informieren, aus der Kirche austrat. Auch in der Klosterschule roch es immer nach Bohnerwachs. So auch auf der Haupttreppe, die ein so schönes Geländer hatte, auf dem ich gern hinunterrutschte. Das bescherte mir meinen ersten Tadel ins Klassenbuch, der auswies, dass ich aus der Reihe tanzen, mich nicht anpassen würde. Nicht fügsam sei. Der Vater setzte ihn

ohne Nachfrage unverzüglich in Ohrfeigen und Stubenarrest um.
Eines Tages bekamen wir einen Brief mit nach Hause. Ein Urwaldbild sollte gebastelt werden. Wir Mädchen sollten dafür Stoffreste mitbringen. Kosten durfte es nichts. Mutter packte mir eilig ein, was sie fand, zum Beispiel den Besatz einer Kapuze. War es Kaninchenfell? Ich erinnerte mich nicht mehr genau daran. Als wir dann bastelnd in der Klasse saßen und Schwester Wilhelmine durch die Reihen ging, um uns zu beaufsichtigen, nahm ich das Fellteil und befestigte es mit einer Sicherheitsnadel wie ein Schwänzchen an ihrem Ornat. Wir kleinen Lyzeumsmädchen hatten in dieser Zeit wahrlich selten Spaß. Nun gab es einen, und wir platzten fast vor Lachen. Dann kam die Pause, und Schwester Wilhelmine schwänzelte mit dem Kapuzenbesatz an ihrem langen, schwarzen Rock aus der Klasse. Die Strafe folgte sofort. Schwester Aurelia, die strenge Klassennonne meiner Schwester, erschien und fragte mit Grabesstimme: »Wer war das?« Natürlich hatte ich große Angst vor den Konsequenzen, aber hatte der Vater mir nicht eingebläut, ein deutsches Kind lüge nicht? So stand ich auf und gestand, dass ich es getan hatte. Die Strafe für den kleinen Spaß: Zwei Wochen lang sollte ich in den Pausen Butterbrotpapier auf dem Schulhof aufsammeln, um Demut zu lernen. Das, so erinnerte ich mich erstaunt, akzeptierte der Vater nicht. Er ging mit mir ins Lyzeum. Ich musste vor der Tür warten. Hinterher erzählte er mir, er habe der Äbtissin gesagt: »Ich zahle das teure Schulgeld nicht dafür, dass meine Tochter in den Pausen Butterbrotpa-

pier einsammelt.« Dann gingen wir nach Hause. Er hielt meine Hand sehr fest, und ich meinte, ich fühlte damals Halt und Schutz bei ihm, die ich sonst nie empfunden hatte. Der Vater hatte mir geholfen. Als ich ihm erzählte, dass der Heilige Geist mich bei den Mathematikarbeiten nicht erleuchtete und ich nicht glaubte, was die Nonnen mir dort erzählten, musste ich bei ihm, dem ehemaligen »gottgläubigen« Junker, offenbar keine Türen einrennen. Ich durfte die Schule wechseln. Die Nonnen, besonders Schwester Aurelia, waren darüber sicher nicht allzu unglücklich, denn sie mussten mich öfter vom Unterricht freistellen. Zu dieser Zeit tanzte ich nämlich schon. Nicht »aus der Reihe«, wie mir die strenge Schwester Aurelia immer vorhielt, sondern an der Staatsoper im Ballett »Dornröschen«. Ich versuchte mich zu erinnern, wie es dazu gekommen war. Es hatte mit dem Vater zu tun, mit ihm und einer Frau.

11

Eine Freundin aus dem Nachbarhaus erzählte mir – es muss 1947 gewesen sein –, dass sie zum Tanzunterricht gehe. Sie fragte mich, ob ich nicht einmal zu dem Mann mitkommen wolle, der so schöne Musik spiele, nach der sie und vier andere Mädchen tanzten. Gern ging ich mit, und so begegnete ich Herrn Winter. Scheu, beinahe verängstigt wirkte dieser Mann auf mich. Er schien sich nur sicher zu fühlen, wenn er am Klavier saß. Als hielte er sich daran fest, wenn er spielte. Als ich ihn zum ersten Mal sah, trug er einen dicken Wehrmachtsmantel, so wie ich ihn schon bei anderen Männern nach dem Krieg gesehen hatte. Außerdem hatte er graue gestrickte Pulswärmer über seine Hände gezogen, die er immer gegeneinander rieb. Nur drei der fünf Zimmer waren notdürftig wiederhergestellt. Es war kalt in der großen Altberliner Wohnung. In dem Raum, in dem er Unterricht gab, stand in der Ecke ein eiserner Ofen. Wir aber spürten die Kälte kaum, denn die Musik, diese schöne Musik, die Herr Winter spielte, hatten wir alle noch nie vorher gehört. Sie schien uns zu wärmen.

»An Elise«, sagte er uns, heiße zum Beispiel dieses Stück, und wir sollten danach »Blümchen erwache« tanzen, einfach so, wie wir uns fühlten beim Hören der

Musik. Wie gern taten wir Mädchen das! Wir wollten gar nicht aufhören. Konnte Herr Winter, der vor dem Krieg Musiklehrer gewesen war, wie er mir erzählte, ahnen, was es für uns bedeutete, uns wie Blumen in einer Zeit zu fühlen, in der alles rings um uns her wie verkarstet war? Vielleicht. Sicher aber brauchte er auch Geld zum Überleben in diesem Chaos, in dem alle steckten.

So kam ich freudestrahlend nach Hause und berichtete, was ich Schönes erlebt hatte. Ich wagte kaum zu fragen, ob ich wieder dorthin gehen dürfe. Ich bekam aber die Erlaubnis, für fünf Mark im Monat, das war viel Geld in jener Zeit, einmal in der Woche an diesem Unterricht teilzunehmen. Mutter sagte: »Da bist du wenigstens weg von der Straße.«

Berlin war 1947 kein sicheres Pflaster. Oft hörte ich die Eltern sagen: »Was heute alles auf der Straße passiert, das hätte es zu *unseren* Zeiten nicht gegeben. Da konnte eine Frau auch mitten in der Nacht unbehelligt im Dunkeln nach Hause gehen.« Was für Zeiten mochten das gewesen sein? Niemand erklärte sie uns in jenen Jahren, in denen alles in Unordnung zu sein schien. Es gab Überfälle, Einbrüche in Wohnungen und Keller. Die Polizei war pausenlos im Einsatz. Die Not hatte alle im Griff, und viele nahmen sich, was sie kriegen konnten, auch aus Wohnungen, die verlassen zu sein schienen. Wie lebten wir Kinder damals mit dieser Bedrohung?

Überall auf der Welt suchen sich Kinder, wenn sie nach einem Krieg aufwachsen, ihre eigenen kleinen Fluchtwege aus Elend und Not. So hatte auch ich mit den anderen Kindern in unserem Viertel eine Art eigenes Leben.

In der Straße, in der ich aufwuchs, waren die Helden unserer Mädchenleben die Jungs. Sie turnten auf den Brandmauern der Ruinen in unserem Viertel umher, um uns ihren Mut zu beweisen. Sie waren – und wir Mädchen mit ihnen – Ruinenindianer. Wir hielten zu ihnen, wenn sie aus den zerbombten Häusern Buntmetall klauten. Das war natürlich verboten, deshalb erzählten wir zu Hause nichts davon. Wir halfen ihnen, abgeschraubte Wasserhähne und aus Wänden wie Krallen hervorschauende Kupferdrähte und Messingrohre, auch Kabel aller Art herauszureißen. Die Jungs warfen von den hohen Mauern Dachrinnen aus Blech herunter, und wir verstauten all diese Schätze in groben Säcken. Die stanken furchtbar. Oft waren in ihnen vorher Trockenkartoffeln oder Rüben transportiert worden, die es fast täglich gab. Die eingeweicht wurden vor dem Kochen und immer so muffig schmeckten – aber besser als nichts, hieß es zu Hause. In diesen Säcken schleppten wir das Buntmetall zu Hermann. Er hatte nur noch ein Bein und eine Lederhand, doch sprach er nie darüber. Ein Junge aber sagte uns, ihm habe Hermann erzählt, er sei im Krieg bei der Flak vor Moskau gewesen. Dort habe er nicht nur sein Bein und eine Hand verloren, sondern auch zwei seiner besten Kameraden. Damit sei für ihn eben Ende gewesen, und so solle es nun auch bleiben mit »diesem Thema«. Um welches Thema es Hermann ging, hatte er nicht gesagt. Für uns Ruinenindianer war Hermann ein Held – obwohl wir nicht wussten, warum –, vor allem aber war er ein guter Freund. Er hätte uns sicher erklären können, was damals immer so unerklärlich schien. Womit

Ende sein sollte, was uns Kinder auszusperren schien, weil wir nicht wussten, wo der Anfang zu diesem Ende gewesen war. Das tat er nicht, aber er war für uns da, und das bedeutete viel in dieser Trümmerwelt. Für ein paar Pfennige kaufte er uns die Dinge ab, die wir in Ruinen oder ausgebombten, leer stehenden, zugenagelten Wohnungen erbeutet hatten. Die Jungen rissen die Bretter ab, mit denen Türen notdürftig gesichert worden waren, und wir brachen ein in abgebrochene Leben, in Lebensraum von Menschen, die plötzlich verschwunden gewesen waren – und niemand wusste, wohin. Eines Tages waren sie einfach weg, wurde uns erzählt. Hatte denn niemand gefragt, wo sie geblieben waren? Allerdings fragte damals auch ich nicht danach. Wen hätte ich auch fragen sollen? Ich spürte immer, darauf wollten die Großen nicht antworten.

Ich erinnerte mich an eine große Siebenzimmerwohnung, in die die Jungs uns Mädchen mitnahmen. Leise und vorsichtig betraten wir diese fremde Sphäre. Dunkellila Tapeten bedeckten die Wände, darauf große, goldene Blumen, Blumen, wie wir sie nie vorher gesehen hatten. In der Ecke stand ein weißes Gerippe. Ein Knochenmann. Ich bekam Angst und dachte: Den hat hier wohl jemand vergessen, als die Leute, die hier wohnten, verschwanden. Es gab riesige, bemalte, zugehängte Leinwände, Töpfe mit Pinseln und viele Metalltuben. Wir schraubten einige auf und malten mit den herrlichen weichen Farben, die wir durch die Finger flutschen ließen, die Wände an. Schufen uns damit ein Stück eigene Welt. Die ersten Graffiti? Auch viele Bücher sah ich dort in den Regalen. Bücher kannten wir

nicht von zu Hause; oft hieß es, die Bomben hätten sie alle verbrannt.
Ein Junge zog eine der vielen Schubladen unter den Regalen auf. Darin lagen seltsame Dinge wie kleine Schaber aus Metall und andere, weiße, die sich glatt, beinahe sanft anfühlten. Ein solches Teil steckte ich heimlich in die Tasche meiner kurzen braunen Jacke, die ich von den Nachbarn »geerbt« hatte, wie ich von Mutter wusste. Ein Stück aus der BDM-Zeit ihrer Tochter, das der nun sowieso nicht mehr passte. Man war eben froh, wenn man überhaupt etwas zum Anziehen hatte. Die Jungs trugen hochgekrempelte oder abgeschnittene Hosen, die einmal ihren Vätern gehört hatten. Passte schon irgendwie und war auch niemandem wirklich wichtig. Wir Mädchen hatten alle gestrickte Sachen an. Wenn man aus einem Kleidungsstück herausgewachsen war, wurde ein anderes aufgetrennt, die Wolle nass gemacht, dann zwischen den Armen oder Händen gespannt, aufgerollt und an das zu klein gewordene angestrickt. Manchmal passte ein Teil nicht zum anderen. Was hatte zum Beispiel ein Hirsch, der in einem Teilstück war, mit einem Eisbären zu tun? Der stammte offenbar von einem anderen Pullover, den irgendwann einmal jemand von woher auch immer mitgebracht hatte. Hauptsache, es hält warm, hieß es immer. Schuhe waren das größere Problem. Einige Jungen trugen Schuhe, die vorn abgeschnitten waren, so dass man ihre Zehen sah. Es waren die Schuhe ihrer Väter. Viele von uns hatten Klapperlatschen aus Holz. Wenn wir »flitzten«, das heißt »abhauten«, hörte man das Klappern dieser Sandalen so deutlich, dass ich mich in

der Erinnerung wunderte, wieso die Großen uns nicht viel öfter erwischt haben, wenn wir uns mit unserer Beute aus dem Staub machten. So wie an jenem Tag, als wir zu Hermann gingen und ihn fragten, was das für seltsame Dinge waren, die wir in der großen Wohnung gefunden und mitgenommen hatten. Hermann wusste es. »Da hat wohl ein Bildhauer gewohnt«, meinte er. »Den haben sie sicher abgeholt, weil er denen nicht passte. Wahrscheinlich ein Jude, den sie irgendwo vergast haben.«

Wer waren die, die »denen« nicht gepasst hatten? Was meinte er mit »vergast«? Wohnte da früher ein Herr Jude? Wir wussten gar nicht, was ein Jude war. Niemand erklärte uns Kindern das. Wir kannten keinen Juden, was, wie ich später erfuhr, nicht verwunderlich war, denn Juden gab es nicht mehr in dem Viertel von Berlin, in dem ich aufwuchs. Vergast? Ich dachte damals, Hermann meint wohl mit »vergast« *vergessen*. Dieser Knochenmann in der Wohnung, war das der Herr Jude? Fragen hatte ich genug, aber ich stellte sie nicht. Fragen waren damals nicht beliebt, schon gar nicht die nach der Vergangenheit. Es war besser, nicht zu fragen. Wir Kinder spürten: Wenn du fragst, erfährst du nur etwas Schlimmes.

Ich zeigte Hermann das kleine Werkzeug, das ich heimlich eingesteckt hatte. »Junge, Junge, das ist ja Elfenbein«, sagte er. Das Bein einer Elfe? Das wollte ich sehr gern behalten, denn Elfen waren doch kleine Hilfsgeister, und so einen konnte ich zu Hause gut gebrauchen. Aber davon, was mir dort geschah, erzählte ich nichts. Hermann nicht und auch nicht den Ruinenindianern, meinen Freunden. So behielt ich das kleine Teil. Der Vater fand es heraus. Wie, daran erinnerte ich mich nicht mehr, aber ich wusste noch, was dann geschehen war. »Ein deutsches Kind stiehlt nicht«, schrie er. Er hörte überhaupt nicht zu, als ich ihm erklären wollte, wo ich den Schaber gefunden und warum ich ihn mitgenommen hatte. Er riss ihn mir aus der Hand und warf ihn in den Mülleimer, den ich dann sofort hinuntertragen musste. Danach hieß es wieder einmal: zum Appell antreten, diesmal – warum, verstand ich wie immer nicht – zum Schuhappell.

Das »Ab in den Schuhputzkeller« hatten die Nazis in ihren Erziehungseinrichtungen und Kasernen als erniedrigendes Zuchtritual angewandt, um renitenten Nachwuchs »auf Linie« zu bringen, im Klartext: Gehorsam zu bedienen, den das faschistische System brauchte, um aus noch formbarem Material, den Kindern und Jugendlichen, Roboter heranzuzüchten, die »ohne Wenn und Aber« und »ohne Rücksicht auf Verluste« eines Tages, am Tag X, losmarschieren würden. Das alles wusste ich aber zu jener Zeit noch nicht, als die Schuhe der Familie, viele waren es nicht, auf dem Flur aufgereiht werden mussten. Worum es *ihm* ging: Ich war, laut Befehl, zuständig für *seine* Schuhe. Putzen war angesagt, das ich, wie schon so oft zuvor, als Demütigung empfand. Wieder wollte er etwas von mir, das ich nicht verstand, aber ich musste es tun, denn ich konnte nicht weglaufen. Wie hätte ich mich ihm entziehen können? Sieben oder acht Jahre alt? Mutters Schuhe hätte ich ja gern geputzt, das wusste er. Aber ich musste *seine* Schuhe putzen, denn das bedeutete, sich seinem Willen zu unterwerfen, mich ihm und seiner Macht zu beugen, was ich wieder einmal, und ich meine, das sagte ich ihm auch, blöd fand.

Seinen Zusatzbefehl »Vergiss den Steg nicht«, was bedeutete, unter dem Schuh die Verbindung von der Sohle zum Absatz zu fetten, konnte ich noch nachvollziehen, da sonst, wie er sagte, das Leder brechen würde. Dann aber, als ich zu ihm aufschaute, um zu sehen, ob ich es ihm nun endlich recht machte, befahl er mir, auf das Oberleder zu spucken, um dem Stiefel zu mehr Glanz zu verhelfen. Als ich fragte, wozu das denn nun auch noch nötig sei, hörte ich nur: »Du sollst nicht fragen, nur putzen. Du kannst ja dabei singen, dann geht es leichter. Also sing: ›Froh zu sein bedarf es wenig, nur wer froh ist, ist ein König.‹« Wie konnte ich dabei noch singen? Wie sollte das gehen? Putzen, spucken und singen? Mein Hals war schon so trocken. Nun sollte ich auch noch singen? Ich schaute ihn verzweifelt, fragend an. »Na, nun sing schon«, befahl er.

Als ich das aufschrieb, holte mich diese Trockenheit im Hals ein, die mich auch Jahre später immer wieder in bedrängenden Situationen befallen hatte. Als würgte mich jemand. Dieser Kloß im Hals, der mir die Luft zum Atmen nahm, war der Vater gewesen.

Ich spürte Wut. Wut auf ihn, der mich in diese Hilflosigkeit gebracht hatte. Ein Gefühl, das ich damals nie zulassen durfte. Und nun wollte ich mich mit ihm versöhnen? Nein, mit *dem* wollte ich nie mehr etwas zu tun haben.

Irgendetwas hatte ich aber doch mit ihm zu tun, sonst

hätte ich mich nicht auf die Suche nach der menschlichen Seite des Vaters begeben. Woran erinnerte ich mich, als mir dieser Schuhappell einfiel? Es war an einem Winterabend, als die Frau im Radio wie schon oft vorher von einem Wunder sang, das einmal geschehen werde. Der Vater ging zum Fenster. Ich sah, dass er sich über die Augen fuhr, Tränen wegwischte, weil sie niemand sehen sollte. Offenbar war das Schuhewienern, zu dem er mich gerade eben noch »verdonnert« hatte, auf einmal nicht mehr wichtig, als er leise von einem Wunder sprach, das *ihm* geschehen sei. »Der Krieg war schon aus, Monika«, erzählte er, wie immer leise, beinahe wie zu sich selbst. »Wir waren damals in der Nähe von Bremen und wollten uns nach Berlin, endlich nach Hause durchschlagen. Drei Kameraden und ich. Die Amis waren schon überall. Wir versteckten uns in einer Scheune. Dann waren sie plötzlich da. Dreckig fühlten wir uns und zerlumpt, und die standen da in ihren zackigen Ami-Uniformen. Einer fragte mich: Du Nazi?, und ich, Kind, sagte ja. Darauf befahl er: Raus. Ich ging aus der Scheune und dachte: Jetzt ist Schluss. Aber als ich draußen wartete auf das, was nun passieren würde, als ich dachte: Nun erschießen sie mich, hörte ich zwei Schüsse in der Scheune. Dann war Stille. Einer der Amis kam zu mir. Er sagte: You are a soldier, I am a soldier. Right or wrong, my country. Dabei legte er seine Hand auf sein Herz. So. (Er machte es mir vor.) The other two were cowards and traitors. Die anderen beiden waren Feiglinge und Verräter, sagte der amerikanische Soldat. Es war wie ein Wunder, Monika, denn ich kam mit dem Leben davon und in amerikanische Kriegs-

gefangenschaft. Hätte ich es nicht zugegeben, hätten sie mich vielleicht auch erschossen.«
Wahrscheinlich verstand ich damals überhaupt nicht, was er mir erzählte. Als ich mich an seine Schilderung erinnerte, vermutete ich, dass ich als kleines Mädchen mit diesem »spitshine« auch seinem »Prisoner of War«-Frust hinterherputzte. Die amerikanischen Soldaten hatten doch auch ihre geschnürten Militärstiefel mit Spucke auf Hochglanz gebracht. Das hatte ich beobachtet, als sie 1945 in unserer Straße gegenüber einquartiert waren. Hatte er als Kriegsgefangener machen müssen, was er dann auch mit mir machte? Vielleicht. Aber auch die Schilderung, wie er in amerikanische Krieggefangenschaft geriet, führte nicht dazu, dass er mir näher kam. Immer, wenn er sich mir zu nähern schien, »setzte« es gleich hinterher auch wieder etwas. Ruhe mit ihm, zwischen uns, gab es so gut wie nie. Aber einige Male, so fiel mir ein, hatte er sich doch für mich eingesetzt.
So auch nach dem Wechsel von der Klosterschule auf das städtische Gymnasium OWZ, Oberschule Wissenschaftlicher Zweig. Dort übersprang ich gleich eine Klasse, weil meine Latein- und Englischkenntnisse über dem Durchschnitt lagen. Der Vater wollte, dass ich nach dem Abitur studierte. Pharmazie, so meinte er, sei ein gutes Studium, dann könne ich später Apothekerin werden.
Auch auf dem Gymnasium war ich »auffällig«. In meinen Zeugnissen stand, dass ich ruhiger werden müsse, den Unterricht zu oft durch Zwischenfragen unterbräche. Bevor ich das Zeugnis wieder in der Schule abge-

ben musste, schrieb er mit seiner akkuraten Schrift an den Rand: »Sehr richtig. Der Vater.«
Fragen wurden als Widerspruch abgetadelt. Ich las noch einmal in meinen Zeugnissen nach: In einem Schuljahr hatte ich drei Tadel bekommen. Ein Tadel setzte sich aus drei Rügen zusammen – also neun Rügen! Meine Weigerung, den Mund zu halten, muss sich sehr früh und stark in der Schule bemerkbar gemacht haben. War diese Widerspenstigkeit ein stetes Aufbegehren gegen die Knebelung und Abrichtung zu Hause, ein Ausdruck kindlicher Rebellion? An diesem Gymnasium blieb das unerkannt, weil nicht nachgefragt wurde, woher sie eigentlich kam. Dafür hatte damals niemand Zeit.
Den Schulabschluss schaffte ich trotz meiner Neigung zur Widerrede, denn meine schulischen Leistungen ließen »nichts zu wünschen übrig«, was sich besonders in Aufsätzen zeigte, in denen ich für Gerechtigkeit und vor allem für die Freiheit eintrat. Wilhelm Tell, Johanna von Orleans, besonders der Sturm auf die Bastille und alles, was mit der Französischen Revolution zu tun hatte: *liberté, égalité, fraternité*. Diese Worte sprachen mir aus dem Herzen und begeisterten mich. Für die Aufsätze bekam ich immer die Note eins.
Fast immer. Bei meinem Aufsatz über »Wilhelm Tell« war das anders. Nach der Klassenarbeit kam ich nach Hause und erzählte dem Vater, dass ich dafür sicher eine Eins bekommen würde. Aber als mir der Lehrer die Arbeit zurückgab, fand ich darunter die niederschmetternde Note: »Nur ausreichend – Thema verfehlt«. Der Vater las meinen Aufsatz und sagte: »Das

hast du gut geschrieben. Die Vier ist ungerecht.« Er ging mit mir in die Schule zur Rektorin und verlangte, dass mein Aufsatz überprüft werde. Diese Prüfung fiel gut für mich aus, nicht aber für meinen Lehrer. Der Vater erzählte mir, dass dieser mich offenbar von Anfang an nicht gemocht hatte, weil ich von einer katholischen Klosterschule kam. Der Deutschlehrer hatte Theologie studiert und eigentlich protestantischer Pfarrer werden wollen. Ich, als »Kathole«, wie man damals sagte, war ihm offenbar ein Dorn im Auge. Ich erfuhr nicht, wie es dem Lehrer danach ergangen ist, meinem Gerechtigkeitsgefühl aber tat es gut. Ja, der Vater hatte mir damals zu meinem Recht verholfen. Habe ich ihm das jemals gesagt? Wohl nicht. Er hätte es sicher gern gehört. War dies wieder ein kleiner Schritt hin zu ihm? Eher nicht in der Erinnerung, was unmittelbar danach geschah.

Ich sang damals im Schulchor. Als »Kathole« musste ich zweimal wöchentlich vor der Schule um sechs Uhr ohne Frühstück in der Frühmesse für die Gemeinde singen, während unsere Mägen knurrten. An jenem Tag sah ich den Kaplan vor der Kirche stehen und eine Zigarette rauchen. Wir Kinder durften nicht einmal einen kleinen Schluck warmen Kakao trinken, mussten nüchtern zur Frühmesse erscheinen, und der Kaplan rauchte? Ich fragte ihn, was der liebe Gott wohl dazu sagen würde, wenn er bei der Heiligen Kommunion in so einen verrauchten Mund käme, wenn er die Hostie in den Mund nehme bei der Wandlung. Der Kaplan hatte nichts dazu gesagt, nur gelacht, offenbar aber den Vorfall der Rektorin gemeldet. Ich konnte nicht ahnen, was mich erwartete, als ich nach der Schule nach Hause kam. Es gab schon in der Tür Ohrfeigen und danach wieder Arrest in dem kleinen Zimmer. Damit ich »in Ruhe« darüber nachdenken konnte, dass ich nachgedacht und gefragt hatte? Was für Gefühle habe ich wohl in dem Moment gegenüber dem Vater gehabt? Gerade hatte er mir doch geholfen, und eine kleine Hoffnung war aufgeblitzt, dass er mir doch ein lieber Vater sein könnte, und dann hieß es wieder: ab in die Einsamkeit. Sicher war ich erneut von ihm enttäuscht.

Alle Tadel und Rügen aber konnten nicht verhindern, dass mir einige Lehrer am Gymnasium Sympathie entgegenbrachten, zum Beispiel mein Chemie- und Physiklehrer, der mich gerade noch mit einer Vier durchkommen ließ, obwohl meine Leistungen eigentlich nicht mehr »ausreichend« waren. Chemie mit all den Versuchen, die wir in Reagenzgläsern durchführten, das verstand ich. Aber Physik blieb für mich ein Rätsel. Wie der Strom aus einer Steckdose kommt, damit es Licht gibt, hatte mich nie besonders interessiert. Im Physikunterricht hatte mich Herr Caspary schon oft kurz vor der Pause, wenn die Klasse müde in den Bänken hing, schmunzelnd an die Tafel gerufen. So auch an einem Tag, als er verkündete: »Monika wird uns nun, da wir nur noch ein paar Minuten Zeit bis zur Pause haben, erklären, wie der Strom aus der Steckdose kommt.« Alle schienen aufzuwachen, denn nun kam kein trockenes Wissen, nun gab es Spaß, weil ich vorn an der Tafel kleine Witzchen machte und sagte: »Ich habe keine Ahnung, Hauptsache, das Licht geht an, wenn ich auf den Schalter drücke.«

Als ich mich daran erinnerte, fiel mir die schon erwähnte Geschichte des Vaters ein, wie er einmal aus dem Stand im Offizierskasino einen Vortrag über die Kaffeekanne 40 hielt, der ihm einen weiteren Verbleib im Karzer ersparte, weil er so gut erzählen konnte. Offenbar hatte ich diese Begabung von ihm geerbt, was mir viele Jahre später bei meiner Arbeit als Moderatorin beim NDR sehr nützlich war.

Hinter der Belustigung für die Klasse stand damals allerdings eine andere Geschichte aus einer Zeit, als es nicht selbstverständlich war, dass es hell wurde, wenn man auf einen Schalter drückte, der Zeit nach dem Krieg. In unserer Küche hing ein seltsames Gerät an der Wand, eine Gaslampe. Sie funktionierte mit einem kleinen weißen Teil, das Glühstrumpf genannt wurde. Hielt man, wenn der Strom wieder einmal ausgefallen war, ein Streichholz daran, wurde es hell. Vor dieser Gaslampe hatte Mutter dem Vater eine Ohrfeige verpasst, die mich damals in Panik versetzte. Warum hatte sie ihn geschlagen? Würde er nun auch sie schlagen? Das wollte ich nicht, und so stellte ich mich vor ihn hin und schrie ihn an: »Wenn du Mutti schlägst, schlag ich dich auch.« Worum ging es damals?

Mutter rauchte, was dem Vater nicht gefiel. »Eine deutsche Frau raucht nicht!«, hatte er gesagt. Daraufhin hatte sie trotzig geantwortet: »Ich hab doch sonst nichts mehr.« Ihre Zigaretten steckte sie in eine silberne Zigarettenspitze. Das Unterteil der Spitze war kaputt, und da keine Streichhölzer im Haus waren, hatte sie die Zigarette in dem silbernen Metallteil an den Glühstrumpf gehalten und sich dabei die Finger verbrannt. Darüber hatte der Vater gelacht, und da hatte sie ihn geohrfeigt. War das eine kleine Rebellion oder ein Ausdruck von Resignation? Was hatte sie damit gemeint, als sie sagte, sie habe doch sonst nichts mehr? Der Vater rauchte doch auch.

Das Rauchen schienen damals viele als Ersatz zu brauchen, und es war nicht leicht, Zigaretten zu bekommen. Zu der Zeit, als die amerikanischen Soldaten in Berlin waren, liefen viele Männer mit dem Blick nach unten durch die Straßen. Sie suchten nach Kippen, die die GIs weggeworfen hatten. Sie brachen die Filter ab, pulten den Tabak heraus und sammelten ihn in kleinen Blechbüchsen, bis es reichte, um sich daraus eine neue Zigarette zu drehen. Rauchten die Menschen gegen den Frust an? Rauchte auch Mutter damals, weil sie enttäuscht war, weil ihr etwas fehlte? Sie sprach nie mit mir darüber.

Hatte ich tatsächlich, klein, wie ich war, gesagt: »Wenn du die Mutti schlägst, dann schlag ich dich auch«? Es muss so gewesen sein. Mein Mut war offenbar stärker gewesen als meine Not mit ihm. Die Tür zu ihm ging wieder zu durch die Erinnerung an die Schläge und Prügel, die ich von ihm bekam.

Dass auch er enttäuscht und frustriert war, konnte ich damals nicht wissen, als er mir kleinem Mädchen von seinen Kriegserlebnissen erzählte. Er zog mich ins Vertrauen, um mich gleich danach wieder mit seinen Altlasten in die Einsamkeit abzuschieben. Immer waren die seltenen Annäherungen zwischen uns wie Wechselbäder. Kaum wurde es etwas warm, war es schon wieder eiskalt.

Anders war es nach dem Besuch bei dieser Opernsängerin, die für mein Leben sehr wichtig werden sollte. Dort allerdings traf ich einen Vater, den ich bisher nicht gekannt hatte. Ängstlich erschien er mir dort, wo ich ihn abholen sollte, wie Mutter mir aufgetragen hatte. Bei einer Frau, für die der Vater ein Bild auf dem Schwarzmarkt verkaufen sollte. Er solle nach Hause kommen, sagte Mutter, weil sie zum Nachtdienst müsse. Wieder betrat ich eine Wohnung, wie ich sie noch nie gesehen hatte. Dort duftete es so gut, wenn auch ganz anders als die frisch gestärkte Schwesterntracht meiner Mutter. Ich sah dunkelrote, weiche Vorhänge, die sich wie Flügel von schönen Vögeln im Wind bauschten, und viele große Bilder an den Wänden, als mir eine schöne Frau in einem dünnen Nachthemd, mit knallroten Lippen und blonden Locken, die Tür öffnete und mich hereinbat. In dem Zimmer, in das sie mich führte, stand eine Frisierkommode mit großen Spiegeln, an denen Fächer aus blauen Federn hingen. Auf einer Glasplatte standen viele Flaschen mit kleinen Bällen in Netzen. Die Frau beobachtete mich. Sie nahm eine Flasche, drückte auf das Bällchen und sprühte etwas auf mich. Wie gut das roch. Das gefiel mir, nicht aber, was ich dann sah: den Vater, der sich hastig seine Hosen hochzog. Ich erinnerte mich, dass ich dachte: Hier haust du besser gleich ab. Hier stimmt was nicht. Aber die Frau sagte: »Du bist also die kleine Monika, die so gern tanzt. Dann tanz mir doch mal etwas vor.« Sie setzte sich an ein Klavier, viel größer als das bei Herrn Winter – später hörte ich, dass es ein Flügel war –, und spielte eine Melodie. Da ich nicht wusste, was ich machen sollte, tanzte ich »Blümchen erwache« und »Blümchen legt sich schlafen«, so wie ich es bei Herrn Winter gelernt hatte. Ich war ganz bei mir, weil ich mich so verloren fühlte. Ich war nur ich selbst, als ich meine kleinen Arme hob und sie bei der schönen Musik wieder sanft sinken ließ. Ich glaube, ich tanzte in einer Latzhose, die aus einer Uniform genäht war.

Überspielte ich mit meinem Tanz die Situation, in der ich diese Frau und den Vater angetroffen hatte? Was fühlte ich damals? Vielleicht nur, dass es meiner Mutter nicht gefallen würde, wenn ich ihr erzählte, wie ich ihn dort vorgefunden hatte. Bis dahin hatte ich den Vater nie so gesehen, unsicher, beinahe ängstlich, als er sich eilig anzog. Die Frau aber sagte zum Vater: »Monika ist begabt. Ich werde sie zur Gsovsky bringen, und wenn es am Schulgeld mangelt, nehmen wir eben das Bild dafür, das du für mich verkaufen solltest. Damit kriegt sie ein Stipendium, da bin ich sicher.« Ja, das hatte sie gesagt. Dann mussten wir diese schöne Wohnung verlassen, um nach Hause zu gehen, wo die Mutter mit dem Abendbrot wartete.

Wir liefen schweigend durch mehrere Straßen. Er hielt meine kleine Hand so fest, dass es fast wehtat. Irgendwie ahnte ich, dass das, was ich eben dort erlebt hatte, niemand erfahren durfte. Vor allem Mutter durfte nichts davon wissen. So wurde ich, neben all dem, was er sonst mit mir machte, um mich zu seinem kleinen Ersatzkameraden zu drillen, nun auch noch zu seiner Komplizin. Hoffte ich, wenn ich nichts sagte, ihn nicht verriet, doch noch von ihm zu bekommen, was ich mir so ersehnte? Seine Liebe?

Als wir dann beim Abendbrot saßen, erzählte ich nur, dass ich vor dieser Sängerin getanzt hätte und sie mir gesagt habe, ich sei begabt. Sie wolle mich irgendwohin bringen, wo ich lernen könne, richtig zu tanzen. Mutter, die es eilig hatte, zur Arbeit zu kommen, setzte ihre Haube auf und meinte nur: »Ach du meine Güte.« Damit ging sie, und es war plötzlich sehr still im Zimmer. Der Vater, der mir sehr bedrückt vorkam, versuchte mir etwas aus einer Zeit zu erklären, als er ein junger Mann gewesen war. Dass er eigentlich keine Jugend gehabt und sich fast nie mit Frauen getroffen habe. »Einmal war da eine«, erzählte er, »das war im Tiergarten. Ich war neunzehn Jahre alt. Sie hatte lange schwarze Haare, und ich war so verliebt. Aber sie wollte mich nicht, weil ich ihr nichts bieten konnte, und so ließ sie mich abblitzen. Das machte mich sehr traurig. Dann, Monika, traf ich Mutti. Viel Zeit hatten wir nicht füreinander, weil dann der Krieg kam. Danach verstanden Mutti und ich uns nicht mehr so gut. Aber ich bin doch noch ein junger Mann, Kind, das verstehst du jetzt noch nicht. Was nun heute war, das hat mit uns, mit unserer Familie, gar nichts zu tun, glaub es mir.« Dabei hatte er wieder meine Hand in seine genommen, als wollte er sich vergewissern, dass ich ihm glaubte. Ich spürte genau, was er wollte: dass ich meiner Mutter nichts sagte. Was fühlte ich damals als kleines Mädchen? Während ich dieses Erlebnis aufschrieb, meldete sich etwas, das man wohl Melancholie nennt. Das Gefühl eines Verlustes, das ich damals bestimmt nicht einordnen konnte und heute Erschütterung von Urvertrauen und Nestsicherheit nennen würde. War es nicht eher Wehmut?

Mutlosigkeit? Wem konnte man noch vertrauen? Sich anvertrauen? Was weiterhin nicht sagen, fragen dürfen? Das war wohl immer das eigentliche Problem. Ging er noch öfter zu der Frau in der schönen Wohnung? Auch das fragte ich ihn nie, obwohl ich oft an sie dachte, was ich natürlich für mich behielt. Vor allem hoffte ich im Stillen, dass sie ihr Versprechen halten würde.

Das tat sie. Schon kurze Zeit später besuchte sie uns. Sie war sehr freundlich, und Mutter meinte, die sei zwar etwas »überkandidelt«, was »überdreht« bedeutete, aber als die Frau sagte, dass sie mit Tatjana Gsovsky, der großen Ballettmeisterin, gesprochen habe und ich dort vortanzen solle, guckte sie mich etwas hilflos an und fragte, weil sie sich das gar nicht vorstellen konnte: »Willst du das denn?« Ja, ich wollte es.

So nähte Mutter mir aus einer Hitlerfahne – woher sie die hatte, weiß ich nicht mehr – ein rotes Röckchen, aus einer alten weißen Bluse eine neue und aus einem Moltontuch weiche Schuhe mit Bändern. Irgendwo besorgte sie ein kleines Käppchen aus Samt mit gestickten Blumen darauf. Davon habe ich noch Fotos. Dann kam der große Tag.

Sie fuhr mit mir mit der S-Bahn zum Metropoltheater an der Friedrichstraße. Damals war das die Staatsoper, da die eigentliche »Staatsoper unter den Linden« ausgebombt war. Tatjana Gsovsky war die Ballettmeisterin und Choreographin. »Der Ballettsaal ist im ersten Stock«, sagte der Pförtner am Bühneneingang, nachdem Mutter ihm mitgeteilt hatte, dass wir angemeldet seien. Kurz standen wir noch vor der Tür zum Ballett-

saal, und sie sagte: »Viel Glück, Moni.« Dann betrat ich diesen großen Saal mit vielen Spiegeln und Stangen an den Wänden. Ich war acht Jahre alt, als das erste Stück meines eigenen Lebens begann.
Wieder war es ein Geruch, an den ich mich erinnerte. Es roch im ganzen Saal danach. Heute weiß ich, dass es das Kolophonium in den Kästen war, die in den Ecken standen und in die die Tänzer und Tänzerinnen traten, um ihre Spitzenschuhe rutschfest zu machen, nervös wie Pferde vor dem Rennbeginn. Der Geruch dieser zertretenen Harzbrocken vermischte sich mit dem Geruch von Schweiß, nicht von übel riechendem Schweiß, sondern einem, den hartes Training aus den Poren treibt. Wie ein Signal, dass sich die Anstrengungen lohnen werden, wenn der Körper, durch *exercice* und Kommandos angetrieben, tun kann, was man sich so wünscht: tanzen.
Mutter blieb im Hintergrund. Ich stand mit meinem Köfferchen im Saal und wartete. Eine Tänzerin weinte. Es war Natascha Trofimowa, wie ich später erfuhr, bei der Probe für eine Ballettpremiere. Ihre Spitzenschuhe waren blutig, und ein Tänzer, Gerd Reinholm, hielt sie tröstend im Arm. Dann übten sie weiter für die Premiere von »Dornröschen«.
Ich konnte nicht wissen, dass ich schon bald darauf bei dieser Aufführung mitwirken sollte. Als kleines Ensemblemitglied, in einem Kostüm mit Turban und einer Hose, die mit goldenen Holzperlen bestickt war. Die drückten furchtbar, wenn ich mich zum Schlaf darauf legen musste, in den ich mit Dornröschen versank, bevor sie der Prinz durch einen Kuss wieder zum Leben

erweckte. Nach dem Happyend aber auf der Bühne fuhr ich, acht Jahre alt, mitten in der Nacht mit der S-Bahn nach Hause, dann nur schnell ins Bett, den Wecker stellen und am nächsten Morgen in die Klosterschule. Meine Vokabeln lernte ich schnell in der Straßenbahn. Das reichte natürlich nicht aus. »Wer nachts herumtanzt, kann eben keine Vokabeln«, sagte Schwester Aurelia. Ich aber hatte noch den Blumenwalzer von »Dornröschen« im Ohr, und den konnte mir keiner nehmen.

Bevor es aber so weit war, erschien ich zum Vortanzen an diesem Tag, der mein Leben verändern sollte. Eine Frau, die ich wunderschön fand, kam auf mich zu. Auf mich, das kleine Mädchen mit zwei blonden Zöpfen, in diesem Röckchen aus einer Hitlerfahne, was sie nicht wissen konnte, auf dem Kopf ein Samtkäppchen. Tatjana Gsovsky trug enge Hosen und hielt einen Stock in der Hand, auf dem ein weißer Knopf steckte. Aus Elfenbein, wie ich von Hermann gelernt hatte. Sehr schlank war sie. Ihr Gesicht war von schwarzen Haaren umrahmt, und ihre Augen schauten prüfend, aber doch freundlich auf mich. »Du bist also die kleine Monika, die tanzen lernen möchte?«, fragte sie mich. Leise antwortete ich: »Ja, das möchte ich so gern.«

Sie nahm mich bei der Hand, klopfte mit dem Stock auf den Boden und sagte etwas in einer Sprache, die ich nicht verstand, zu einer Frau am Klavier. Später lernte ich, dass die Ballettsprache Französisch ist. Zu mir sagte sie: »Ich habe gehört, ein bisschen kannst du schon tanzen, dann möchte ich das gern einmal sehen.«

Ich nahm meine Moltonschläppchen aus dem kleinen

Koffer und zog sie an. Tatjana, wie ich sie dann viele Jahre lang nennen sollte, beobachtete mich, wie ich die Bänder festband. Als die Klavierspielerin zu spielen begann, war ich das Blümchen, das erwacht und sich danach wieder schlafen legt. Als ich auf dem Boden lag, hob Tatjana mich auf und strich mir über den Kopf. Sie winkte meine Mutter heran und sagte: »Dieses Kind werde ich ausbilden. Monika hat Talent. Bitte bringen Sie sie am nächsten Montag um fünfzehn Uhr in die Fasanenstraße zur Kinderklasse.« Danach ging sie mit mir in ihr Zimmer. An den Wänden hingen viele Fotos von Tänzerinnen und Tänzern. Sie suchte in einem Regal und schenkte mir mein erstes Paar Ballettschuhe. Ein Paar weiche, lederne, rosafarbene Schläppchen. »Für deinen Unterricht«, sagte sie lächelnd. Ich nahm die Schuhe, ihr Lächeln, vor allem aber die erste Ermutigung meines Lebens mit nach Hause wie einen Schatz. *Das* konnte mir niemand nehmen, weil ich es ganz allein, nur durch mich, erreicht hatte.

Hart und von Disziplin geprägt waren die folgenden Jahre. Die Ausbildung zur klassischen Tänzerin der russischen Schule ist die anspruchsvollste und bedeutete tägliches Training neben der Schule. An Schwänzen war nicht zu denken. Wem der tägliche Unterricht nicht wichtig sei, der könne gleich zu Hause bleiben und später Kinder kriegen, sagte Tatjana, wenn einmal jemand die Stunde versäumte. Ich fehlte nie, weil ich auch fürchtete, dann das Stipendium zu verlieren, für das ich unendlich dankbar war. Ohne dieses Stipendium hätte ich nicht lernen können, was ich mir so sehnlich zu lernen wünschte.

Bald wirkte ich bei Aufführungen an verschiedenen Berliner Theatern mit. Ich tanzte am Schiller- und am Schlosspark-Theater, um mir mit der kleinen Gage meine Spitzenschuhe und die Monatskarte kaufen zu können. Der Schlaf kam oft zu kurz, aber ich musste den Vater nie um etwas bitten, und das war mir alle Mühe und Anstrengung wert. Wie betrachtete er mich damals auf diesem Weg? Tat er es überhaupt? In jener Zeit, als ich, ein Kind noch, so gut wie nie mehr zu Hause war? Auf meinem Weg war, dieser Enge zu entkommen und damit auch ihm?

Der Seitensprung des Vaters mit der Opernsängerin hatte mir, wie ich es nun erkannte, den Ausbruch aus dieser Enge ermöglicht. Denn nach rund zehn Jahren harter Ausbildung, neben drei Jahren Klosterschule und dann, mit dem Abschluss der Mittleren Reife, auf dem Berliner Gymnasium OWZ, bestand ich 1958 das Staatsexamen vor der Deutschen Bühnengenossenschaft mit der Note gut und bekam mein erstes Engagement.

Ingmar Bergman, der berühmte schwedische Regisseur, arbeitete damals am Stadttheater in Malmö. Er war nach Berlin zu den Filmfestspielen gekommen und mit ihm der Ballettmeister dieses Theaters, für dessen internationales Ballett Tänzerinnen gesucht wurden. Auf Tatjanas Anraten fuhr meine Mutter mit mir zum Vortanzen in der Filmbühne Wien am Kurfürstendamm. Dort tanzte ich nicht mehr »Blümchen erwache«, sondern präsentierte mich nach zehnjähriger Ausbildung als Tänzerin mit einem profunden Können und Wissen, nicht nur in Bezug auf den Tanz, sondern auch die Geschichte des Tanzes, die zur Ausbildung gehört hatte. Über ein Jahr lang war ich dafür zweimal in der Woche zu einem Professor gegangen, der gerade eine Kehlkopfoperation hinter sich hatte und, oft von einem Pfeifen unterbrochen, aus einer Düse am Hals zu mir sprach. Mich störte dieses Pfeifen nicht. Ich war vertieft in den Unterricht, wenn wir in seinem Biedermeierzimmer auf dem weichen Sofa saßen und er mit seinen schmalen, feinen Händen Tee in die Tasse aus Porzellan goss, das so zart war, dass man fast hindurchschauen konnte. Er zeigte mir seine wunderbaren Bücher, in denen Tanzszenen abgebildet waren. Nie zuvor hatte ich so etwas Schönes gesehen. Die Bilder mussten von Malern und Bildhauern stammen, die den Tanz genauso liebten wie er und ich. Ja, der Professor und ich verstanden uns, auch wenn er nur sehr leise zu mir sprechen konnte. Kurz nach meinem Examen starb er. Ich trauerte um ihn wie um einen Vater. Bei ihm hatte ich nicht nur Ermutigung und Vertrauen gespürt, er war auch der erste Mann, der mir einen Kuss gab. Er küsste mich auf die Stirn, als ich ihn verließ, und ich habe nie vergessen, was er mir beim Abschied sagte: »Höre immer auf dein Herz, mein Kind. Es wird dich nie belügen.«

Viele Jahre später sollte ich mich daran erinnern, als ich erkannte, was mir immer beim Vater gefehlt hatte und warum er es mir nicht hatte geben können. Es erklärte das Defizit, in dem ich mich später, wenn ich Männern begegnete, gleichermaßen zu Hause und heimatlos fühlte. Das nennt man Ambivalenz, wie ich in der Therapie lernte. Die Sehnsucht anderer Menschen, die

auch in dieser Ambivalenz umherzuirren schienen, hatte ich oft gespürt, weil es auch meine Sehnsucht war. Das aber wusste ich damals noch nicht.
Im Mai 1958, ich war noch nicht ganz achtzehn Jahre alt, unterschrieben Mutter und ich meinen ersten Vertrag. Ein paar Tage später verließ ich Berlin, und mein Leben begann.
An diesem Theater in Malmö, in dem internationalen Ballett, wo wir uns plagten mit täglichem Training und den Proben für die Ballettaufführungen und andere Vorstellungen wie zum Beispiel Operninszenierungen, bei denen wir mitwirken mussten, begleitete mich vor allem die wunderbare Musik. Mozart, Verdi, Puccini und Tschaikowsky. Das war Futter für meine Seele.
Das Theater wurde meine Ersatzfamilie. Ich konnte dort viele Beobachtungen machen und Erfahrungen sammeln. So oft ich konnte, verfolgte ich auch die Proben zu den Inszenierungen von Ingmar Bergman, mit vielen Schauspielern und Schauspielerinnen, die in die Filmgeschichte eingegangen sind. Max von Sydow, Gunnel Lindblom, Bibi Andersson, Ingrid Thulin, Folke Sundquist. Stars, die später in Filmen zu sehen waren wie »Abend der Gaukler, »Wilde Erdbeeren«, »Das Schweigen«, »Die Jungfrauenquelle« und »Szenen einer Ehe«, Filmen, die um die Welt gingen. Allerdings erlebte ich auch oft mit, wie Bergman diese Schauspieler traktierte. Er konnte machen, was er wollte, sie taten alles, um seinen Ansprüchen zu genügen. Ihm, der in der Regiereihe saß, Papiertücher im Mund zerfusselte und unzählige Kekse zerkrümelte, während er die Schauspieler auf der Bühne zusammen-

stauchte. Wie eines Tages Gunnel Lindblom, die in Hosen zur Probe kam, als Gretchen in Goethes »Faust«. »Ich will kein Gretchen mit einem dicken Arsch in einer Hose«, schrie er. »Zieh dir sofort einen Rock an.« Weinend verließ sie die Bühne. Sie tat mir Leid. Warum machte der große Bergman das? Er, vor dem alle Schauspieler wie vor einem alles beherrschenden Vater kuschten. Er schien grenzenlose Macht über sie zu haben, zugleich suchte er aber auch ihre Liebe und Anerkennung. Als ich ihn beobachtete, schien es mir, als sei er im Grunde ein trauriger Mensch.
Viele Jahre später las ich in Bergmans Buch »Mein Leben«[35], mit welcher väterlichen und mütterlichen Strenge und Härte er aufgewachsen war. Er war oft geprügelt worden, was dazu führte, dass er »nasse Hosen« hatte. Danach gedemütigt, wenn er für den Rest des Tages, für alle sichtbar, einen nur bis zu den Knien reichenden roten Rock tragen musste. Ich spürte seine Einsamkeit, als ich las, wie er die Stunden nach dem Tod seiner Mutter beschrieb: »Ich glaube nicht, dass ich Trauer empfand, ich glaube auch nicht, dass ich etwas dachte, ich glaube nicht einmal, dass ich mich selbst beobachtete oder inszenierte – diese Berufskrankheit, die mir so gnadenlos durchs Leben gefolgt ist und mir meine tiefsten Erlebnisse so oft gestohlen oder von mir abgespalten hat.«
Ich verstand ihn genau, ohne je mit ihm gesprochen zu haben. War das Theater Bergmans Ersatzfamilie? Trug auch er damals, als ich ihn beobachtete, diese stille Wunde in sich, Heimatlosigkeit? Sein ganzes Leben lang litt er unter Magen- und Darmproblemen, beglei-

tet von Durchfall und Krämpfen. Er heiratete sechsmal, bekam acht Kinder und lebt heute, wie ich 2003 erfuhr, allein auf den Färöer Inseln. Seine Chance war die geniale Beobachtungsgabe, die er als einsames Kind durch den Rückzug in sich erworben hatte. Er nutzte sie und wurde ein weltberühmter Regisseur. Aller Erfolg aber half ihm nicht, der Einsamkeit zu entrinnen, mit der er von zu Hause ausgezogen war, wo er das Fürchten gelernt und keine Liebe bekommen hatte.

12

Hatte sich auch der Vater nach seiner harten, chancenlosen Kindheit bei dieser lieblosen Großmutter ein Ersatzumfeld gesucht? Hatte er es in den Kameradschaften auf der Ordensburg gefunden? Um sich, seiner Mutter und der Großmutter zu beweisen, dass er es trotzdem zu etwas bringen würde? Eine Chance sah er dort sicher für sich, aber darüber mit ihm zu reden war nun nicht mehr möglich. Hätte ich es gewollt? Meine Bereitschaft dazu war überschattet von seiner Schilderung, wie ich, leider wieder kein Sohn, in sein Leben gekommen war. So hatte er es mir mitgeteilt: »Und dann kam ein Telegramm, als ich schon bei den Fallschirmjägern war: ›Der Junge heißt Monika.‹ Wir rückten aus im Zug und sangen: ›Lebe wohl, du kleine Monika‹, das war ein Soldatenlied. Dann gab es Heimaturlaub, und da sah ich dich im Korb. Ein fettes, kleines Brötchen.«

Ich konnte mich darüber schon damals, und auch später, als er das meiner Tochter erzählte, nicht freuen. Meine Mutter, die das offenbar wahrnahm, sagte mir tröstend: »Sei froh, dass du ein Mädchen bist. Jungs sind immer nur Kanonenfutter für den Krieg.«

Über fünfzig Jahre später, als ich im Fernsehen die

zahlreichen Dokumentationen von Guido Knopp sah, erfuhr ich viel über diese Kanonenfutterzeit. So auch von dem SS-Verbrecher und Judenhasser Heinrich Himmler, den ich sagen hörte: »Wer Söhne hat, der kann in Frieden sterben.« Wäre es nicht schöner gewesen, mit einer Tochter friedlich zu leben, statt mit einem Sohn in Frieden zu sterben, Vater? Das hätte ich ihn gern gefragt

Der leise Schmerz meldete sich wieder, der mich beim Hören von Musik, besonders bei Violinkonzerten, oft tief in mir zu erreichen versucht hatte. Als könnte ich nie so klingen wie eine Violine, weil mir eine Saite fehlte. Welche? Die Musiker, die Geigenspieler, schienen beinahe liebevoll mit ihren Instrumenten umzugehen, in einem Einklang und Austausch, der auch die Menschen, die ihnen zuhörten, erreichte. Ich aber hatte mich davon immer ausgeschlossen gefühlt. Es hatte niemals etwas zwischen uns gespielt. Seine Strenge und Härte hatten mich in eine Abwehr getrieben, meiner Sehnsucht nach ihm keine Chance gegeben. Das hatte zu der Fremdheit zwischen uns geführt, die über fünfzig Jahre andauerte.

Nun, da ich so viel über ihn und seine Zeit wusste, hätte ich ihn gern in seiner kleinen Wohnung besucht, um über »all das«, wie es früher immer hieß, mit ihm zu reden. Hätten wir zu einem Dialog gefunden? In einem Gespräch, in dem wir uns beide in Ruhe, endlich in Ruhe mitgeteilt hätten, wie uns damals zumute gewesen war, ihm, dem Vater, und mir, seiner kleinen Tochter, die er von sich weggedrillt hatte? Ich meinte schon.

An seinem fünften Todestag – wieder wurde es Frühling, und die Vögel sangen – zog es mich zu ihm, wenn auch leider nur noch der Friedhof der Ort war, an dem ich ihn besuchen konnte. Was ich ihm gern selbst gesagt hätte, schrieb ich ihm in einem Brief, den ich danach neben seiner Urne und seinen Orden versenkte. Nie vorher hatte ich ihm geschrieben. In Briefen an die Mutter hatte ich immer nur angefügt: »P.S.: Gruß an den Vater.« Nun sprach ich ihn zum ersten Mal direkt an, schrieb zu meiner Verwunderung:

Lieber Vater,

Deine letzten Worte, bevor Du starbst: »Es wird der Tag kommen, an dem der Mensch wieder zum Menschen findet«, und die letzten Stunden vor Deinem Tod, in denen wir uns doch schließlich, wenn auch leider zu spät, näher kamen, haben dazu geführt, dass ich ein Buch über Dich schrieb. Da Du mich nicht mehr fragen kannst, warum ich das tat, möchte ich es Dir in diesem Brief erklären.

Es begann mit der Frage, warum ich keine Trauer um Dich empfinden konnte, als Du tot warst, und den mir unerklärlichen Kopfschmerzen, Albträumen und Angstgefühlen, von denen ich Dir nie erzählt habe. Ich ahnte und fand dann heraus, dass sie mit Dir zu tun hatten, aber auch, wie wenig ich von Dir wusste. Von Dir und Deinem Leben. Wie hätte ich auch etwas davon wissen können, Vater? Du sprachst selten darüber. Auch wenn ich *all das* gewusst hätte, was ich nun von Dir weiß, welchen Weg Du gegangen bist und warum, fällt es mir schwer, ihn nachzuvollziehen. Aber mir ist klar geworden, dass ich das auch gar nicht muss. Es war Dein Weg, Deine Entscheidung, die sicher auf *jenen Zeiten* basierte, in denen Du ein junger Mensch, ein junger Mann, mit einer Hoffnung auf eine Perspektive warst. Da nicht nur Du, sondern auch Millionen anderer Deutscher sich dem Nationalsozialismus anschlossen, müssen es schon die Versprechungen gewesen sein, die Adolf Hitler euch machte. Für ein besseres Deutschland als das, in dem ihr alle damals gelebt habt. Aber, Vater, bei all Deinem wachen Verstand, Deinem Gerechtigkeitsgefühl, als Du mir zum Beispiel von Zille erzähltest, frage ich mich, wie es möglich war, dass Du nicht erkanntest, auf welchem Weg Du warst. Diesem faschistischen Irrweg »ohne Wenn und Aber« und vor allem »ohne Rücksicht auf Verluste«. Dieser Weg konnte doch niemals zu dem führen, was Du Dir kurz vor Deinem Tod zu wünschen schienst und mir wie ein Legat hinterlassen hast: dass der Mensch zum Menschen findet.

Du hattest mir einmal in mein Kleinmädchen-Poesiealbum geschrieben: »Vor allem eins, mein Kind. Lass nie die Lüge deinen Mund entweihen.« Damit konnte ich damals wenig anfangen. Heute meine ich, auch Du hast zu jener Zeit gelogen. Zum Beispiel, indem Du mir, als dieser braune Terror vorbei war, mehrfach mitteiltest: »Von all den Gräueltaten in den Konzentrationslagern habe ich nichts gewusst.« Du warst zwar nie in den Vernichtungslagern, auch nicht in diesen Gettos, denn zu diesen Zeiten warst Du, als »Frontschwein«, wie Du es mir schildertest, an vorderster Front im Krieg. Gewusst aber hast Du sicher davon. Als Junker auf einer Ordensburg. Dieser NS-Ordensburg Crössinsee, auf

der Du warst, was Du all die Jahre *nach der Sache* und bis zu Deinem Tod verschwiegen hast. Mit Punkt eins auf dem Lehrplan: Rassenlehre.
Mich, Vater, bedroht dieses Wort bis heute, weil es im Klartext Rassismus bedeutet. Fanatischer Rassismus, der Feindbilder aufbaut, weil er sie braucht, um Menschen zu entrechten. Ihnen durch Terror und Folter das Recht auf eigenes Denken, gewachsene Kultur, Traditionen und vor allem das erste Recht nimmt: auf ein Leben in Würde!
Wie und wann Du Dein Denken, Dein kritisches Denken, eingestellt hast, darüber würde ich gern heute mit Dir reden. Es würde nicht mehr ausreichen, was ich als Kind von Dir und auch von Mutti oft hörte: »Ach Kind, es waren eben andere Zeiten.« Nun würde ich expliziert nicht mehr nur von Dir hören wollen, wie Du in diesen Wahnsinn geraten konntest, sondern auch endlich, wie Du danach darüber dachtest und warum Du Dich nie dazu geäußert hast. Die Befürchtung, dass Du Dich nie wirklich von diesem Hitler-Wahnsinn gelöst hast, spüre ich stark, während ich Dir schreibe. Die Ängste, die Bedrohungen, die Dich danach und bis zu Deinem Tod *im Griff* hatten, kann ich nun aber an Dich abgeben. Sie gehören, wohl oder übel, zu *Deinem* Weg, der Dich im hohen Alter, einsam und enttäuscht, dass aller Einsatz fürs Vaterland umsonst gewesen war, zurückließ.
Nicht hinnehmen aber kann ich bis heute, was *nach* diesen Zeiten geschah, als wir uns begegneten, auch wenn ich herausgefunden habe, dass die Härte, mit der Du mir oft gegenüberstandest, eine war, die man auch Dir

angetan, angedrillt hatte. Basierend auf diesem bedingungslosen Gehorsam, den Du auch von mir verlangt hast. Den ich Dir verweigerte, was dazu führte, dass ich zu dieser kleinen Rebellin wurde, die nie zugeben wollte und auch nicht zugeben konnte, dass sie neben aller Rebellion gegen diese kleine, kindliche Sehnsucht anrannte, doch gern einen Vater zu haben.

Mich, Vater, hat dieser Kampf gegen Dich nicht hart, sondern stark gemacht, sonst hätte ich meinen Weg nicht gehen können.

»Du konntest Dir schon immer ein schönes Leben machen«, sagtest Du mir später oft, beinahe mit Bewunderung, wenn Du mit der Mutti bei mir zu Hause warst. Wenn Du mich beobachtetest, wie ich Euch eine Atmosphäre bot, die ruhig und schön war in meiner Wohnung und in meinem Garten, in dem Ihr oft gesessen habt und Du mir zusahst, wenn ich Blumen pflanzte. Ich spürte oft, dass Du mehr von mir wolltest als Gastfreundschaft. Fühltest Du Dich nicht häufig nur wie ein Gast, dem gegenüber man sich höflich verhält? Das stimmte, aber mehr konnte ich Dir nicht entgegenbringen, da zu viel zwischen uns stand, das zu dieser Starre geführt hatte, die ich mir nach Deinem Tod zu erklären versuchte. Es war nicht nur diese Enttäuschung, Vater, die ich in mir trug, dass ich als kleines Mädchen nicht bekam, was ich mir so gewünscht hätte. Es war die Traurigkeit in mir, die ich nie zulassen wollte und Dir gegenüber nie zugeben konnte, nachdem wir uns, als ich elf Jahre alt war, bei diesem furchtbaren Siebenstriemertrauma für immer verloren hatten.

Bei der Arbeit an meinem Buch erinnerte ich mich

schon an gelegentliche spätere Annäherungsversuche von Dir. An den Ring zum Beispiel, den Du mir zu meinem achtzehnten Geburtstag geschenkt, und an die goldene Kette, die Du mir zu meinem einundzwanzigsten Geburtstag um den Hals gelegt hattest. Ich habe doch etwas von Dir bekommen, was ich, wie vieles andere, verdrängte, aber mit uns hatte es nichts zu tun. Ich nahm Deine späten Geschenke an, aber ich trug sie nie. Wolltest Du damit etwas *wieder gut*machen? Diese äußerlichen Dinge konnten doch die Wunde nicht heilen, die Du mir Jahre vorher zugefügt hattest, als Du mich emotional verhungern ließest.

Heute meine ich erkannt zu haben, warum Du mir nicht geben konntest, was ich damals so gebraucht hätte. Denn nicht nur waren wir alle, *nach der Sache,* in Ruinen übrig geblieben. Du, Vater, warst, als der erste Mann, dem ich in meinen jungen Mädchenjahren gegenüberstand, die größte Ruine um mich herum: ausgehöhlt und für mich dunkel. Wie diese schwarzen, verkohlten, ausgebrannten Häuser in Berlin, von denen ich Jahre später oft träumte. In deren Umfeld nur Bedrohliches, für ein Kind nichts Erklärbares war. Die Frage, warum Du *all das* mit *mir* gemacht hast, was dazu führte, dass *wir* uns nie menschlich zu begegnen vermochten, konnte ich Dir zu Deinen Lebzeiten nicht stellen. Und nun, da Du nicht mehr lebst, werde ich darauf leider auch nie eine Antwort von Dir bekommen. Ich gehe aber davon aus, dass Du es gern anders, besser gemacht hättest, wenn Du nur gewusst hättest, wie.

Wie solltest Du Dich nach all diesen Schrecken, die Du und auch all Deine Kameraden erlebt hatten, zurechtfinden, ohne dass jemand da war, mit dem Ihr über *all das* hättet reden können? Nun wieder in Familien, die Euch nach diesem Krieg und den Schäden, der er hinterlassen hatte, brauchten, ohne zu erkennen, was *Ihr* nun so nötig gebraucht hättet? Enttäuscht vor allem, dass alles umsonst gewesen war? Das kalte Grausen, Vater, überkommt mich, wenn ich mir vorstelle, wie es in Deutschland weitergegangen wäre, wenn es *nicht* umsonst gewesen wäre. Wenn dieser Hitler und seine Gefolgsleute den Zweiten Weltkrieg gewonnen hätten. Berlin heute mit gigantischen Bauten, wie ich es in einem Film sah, »Germania« hieße und Deutschland von gehorsamen, innen und außen strammstehenden Menschen bevölkert wäre. In Gaue eingeteilt, bis in den erweiterten Osten hinein, von Blockwarten kontrolliert und selbst in der Freizeit mit »Kraft durch Freude« im Griff gehalten und auf »Linie« gebracht.

Frust und Enttäuschung hattest auch Du aus diesem Krieg mitgebracht. Mit dem ich konfrontiert wurde, ohne dass ich wissen konnte, warum. Du wolltest mir meinen Willen brechen, mich kleinkriegen, wie Du oft schriest. Ich sollte auf Deiner alten Spur weiterlaufen, weil Du einen anderen Weg offenbar nicht sehen konntest. Das, Vater, und darüber bin ich sehr froh, ist Dir nicht gelungen. Sonst wäre auch mein Buch nicht entstanden, das mich, wenn auch spät, aus den Folgen Deines bedingungslos abgeforderten Drills und Gehorsams nach vielen Jahren endlich wie aus einem Kokon fliegen ließ.

Manchmal fragte ich mich, während ich an dem Buch arbeitete, ob ich mich als Nestbeschmutzerin betrachten müsse. Eine, die ihre Familie beschädigt, weil sie beschreibt, wie es damals war. Das bereitete mir schon ein Problem, Vater. Aber auch wenn die Geschichte unserer Familie nur ein kleines Stück des Elends schildert, in das Deutschland durch den Terror des Nationalsozialismus geriet und fünfundfünfzig Millionen Menschen das Leben kostete, entschloss ich mich doch, meinen kleinen Teil dazu beizutragen, dass so etwas nie wieder geschehen kann.

Der Preis Deines Schweigens, Vater, war hoch. Denn alles, was Du für Deine Familie *danach* getan hast – und vieles hast Du gut gemacht –, fand keine Akzeptanz bei den Menschen, die damals Deine Familie waren. Bei all Deinen Bemühungen, uns nach *all dem* durchzubringen, schlepptest Du eine Altlast mit Dir herum, die uns alle betraf. Eine, von der wir Kinder keine Ahnung hatten. Wir hatten nur immer Angst vor Dir, Vater. Ich besonders, vor Deinen harten Händen. Angst, die Du nicht spürtest, weil man Dir ausgetrieben hatte, Angst zu haben, damit aus Dir ein echter deutscher Kerl werde, ein flinker, zäh gedrillter Windhund, vor dem ich als kleines Kind immer nur davonlaufen wollte, was nicht möglich war.

Oft hast Du mir später erzählt: »Es waren harte Zeiten, aber die Familie hielt zusammen.« Das stimmt so nicht, Vater. Die Zeiten waren hart, ja, aber wir hielten nicht *zusammen*, wir *ver*hielten uns. Und das meist leise, damit nicht noch Schlimmeres geschah, wenn Du wieder aus dem Ruder liefst und zum Appell brülltest: »Feldmarschmäßig anziehen und antreten!« Mit Deiner harten Stimme, vor der wir zitterten, und dieser Sprache, die eigentlich nur Mitteilungsunfähigkeit zeigte. Du warst, meine ich heute, unfähig, uns menschlich zu begegnen. Dafür hättest Du Dich äußern müssen, und genau das war Dir nicht möglich. War es nicht so? Immer noch meintest Du, uns zeigen zu müssen, wo es langgehen sollte, obwohl Du doch genau das selbst nicht mehr wusstest. Oder weil Du nicht zugeben wolltest, dass *all das* ein großer Irrtum gewesen war. Wie sollten wir uns freuen, dass Du nach diesem Krieg wieder da warst, wo wir doch nur auf Teile von Dir trafen, die Du von all den Schlachtfeldern mitbrachtest, auf denen Du, wie ich heute weiß, ein tapferer, mutiger Soldat gewesen warst, ohne zu erkennen, was Du dort eigentlich verloren hattest: Dich.

In all diesen Gefechten und Einsätzen, für die Du Dich schon vorher menschlich abmelden musstest. Denn, wie Horst-Eberhard Richter schreibt: Töten war die neue Moral.

»Hast du mich nicht doch ein bisschen lieb?«, hattest Du mich gefragt, fast bittend, kurz vor Deinem Tod. Damals versetzte mich Deine Frage fast in Panik. So war meine eilige Antwort darauf, »Ja, schon«, noch immer wie eine Flucht vor Dir, ein Weglaufen, das ich nun gern beenden möchte, Vater, indem ich Dir heute sage, ich hätte Dich gern »lieb gehabt«, wenn Du es mir möglich gemacht hättest. Dass das nicht so war, ist bedauerlich, mehr noch, das betrauere ich.

Mein Feindbild aber bist nicht mehr Du, Vater, sondern der Krieg. Wie ich es Dir schon Jahre früher mitzuteilen versuchte, als ich Dir von meiner Verehrung für Bertha von Suttner erzählte, die für ihren Roman »Die Waffen

nieder!« bereits 1905 den Friedensnobelpreis bekommen hatte, was leider weitere Kriege nicht verhindern konnte. Mit heute hoch technisierten Waffen und strategischen Plänen, die die Menschen, die Zivilbevölkerung, die in diesen Kriegen sterben, als Kollateralschaden definieren. Der Perversion, Vater, sind keine Grenzen gesetzt, wenn das Rüstungsgeschäft boomt, der Stahl vom Band läuft, dessen Aktienkurse in die Höhe klettern. Diese Hausse der Macher an den Weltbörsen, denen das Schicksal der Menschen danach total egal ist. Und das war auch schon zu Deinen Zeiten so. Als man Dich »hart wie Kruppstahl« machen wollte, weil Du ein empfindungsloser germanischer Reißwolf werden solltest. Für diesen Hitler, den Wolf, wie er sich gern nannte, der seine Jämmerlichkeit geschickt tarnte durch seine Uniformen und demagogischen Reden und Posen, die er sich von einem Schauspiellehrer beibringen ließ. Er täuschte Euch alle, um sein Machtziel zu erreichen. Dafür brauchte er die Wirtschaft und Soldaten. Vor allem die Wehrmacht, in deren Dienst auch Du gestanden hast, und zwar freiwillig. Du warst ein Parteisoldat, Vater, im Kampf für Dein Vaterland. Es war *Dein* Vaterland – meins hätte es niemals sein können.
Ich konnte Dir dafür nicht die Anerkennung geben, die Du immer wieder von mir hören wolltest. Weil der Einsatz im Krieg dazu führte, dass wir Kinder jener Zeit uns seelisch heimatlos fühlten, ohne zugängliche Väter aufwachsen mussten. Krieg, der immer wieder Frauen die Männer, Kindern ihre Väter, Müttern ihre Söhne nimmt und junge Männer, in jetziger Zeit auch Frauen, Soldatinnen, zu Kanonenfutter, heute Raketenfutter,

macht und sie danach mit unsichtbaren Wunden zurücklässt. Mit dem PTSD-Syndrom, dieser posttraumatischen Belastungsstörung, an dem, damals noch nicht erkannt, sicher auch Du schon gelitten hast.
Keine Feindbilder mehr, Vater, das wäre heute meine Ansage an Dich. Könnte sie Dich erreichen? Das würde ich mir wünschen, denn nur so könnten wir uns doch noch austauschen, menschlich begegnen und endlich finden in einem Gefühl miteinander, gegen Unrecht und für mehr Menschlichkeit. Damit eines Tages, und Millionen Menschen auf der Welt geben diese Hoffnung nicht auf, den Kriegstreibern, wo auch immer, das Handwerk gelegt wird. Nur wenn endlich Frieden auf der Welt ist, wenn alle Menschen ihr Recht bekommen auf ein menschenwürdiges Leben, kann das erreicht werden, was auch Du Dir kurz vor Deinem Tod gewünscht hattest: »Es wird der Tag kommen, an dem der Mensch wieder zum Menschen findet.«
Hättest Du Dich mir früher mitgeteilt und Dich nicht nur bei mir entlastet, hätte mich nicht dieser Albtraum von dem großen schwarzen Schatten in der Tür, durch die ich nicht gehen wollte, fünfzig Jahre später einholen müssen. Dieser Schatten warst Du, Vater. Aber nachdem ich Dir auf der Spur war, drei Jahre lang auf der Suche nach Dir und diesem Dunkel, diesem Schweigen, nachdem ich die Erklärung dafür gefunden habe, kann ich Dich aus mir entlassen. Dich und *die Sache*, die *unsere* Sache nie sein konnte. Ich kann mich jetzt endgültig von Dir verabschieden. Die Suche hat sich gelohnt, denn die Albträume und Ängste sind verflogen.
Ich sehe es heute so, dass Du eine Chance für Dein Le-

ben gesucht und Dich dabei verloren hast. Ich hätte Dir eine bessere Chance, eine echte Chance für Dein Leben gewünscht. Eine, die wirklich den Menschen zum Menschen führt. Dann hätten auch wir eine gehabt. Du und ich, *mein* Vater.

Quellen

1. Georg Kreisler, Warum. In: Wenn ihr lachen wollt. Edition Memoria, Hürth / Wien 2002.
2. Alice Miller, Du sollst nicht merken. Suhrkamp, Frankfurt a. M. 1981.
3. Alice Miller, Der gemiedene Schlüssel. Suhrkamp, Frankfurt a. M. 1988.
4. Michael Schneider, Den Kopf verkehrt aufgesetzt oder Die melancholische Linke. Luchterhand, Darmstadt / Neuwied 1981.
5. Militärgeschichtliches Forschungsamt, Zeppelinstr. 127 / 128, 14471 Potsdam.
6. Gerhard Schreiber, Bernd Stegemann, Detlef Vogel, Der Mittelmeerraum und Südosteuropa. Band 3 der Reihe »Das Deutsche Reich und der Zweite Weltkrieg«, hg. vom Militärgeschichtlichen Forschungsamt. DVA, Stuttgart 1984.
7. *Das III. Reich*, Sonderheft 7, John Jahr Verlag, Hamburg o. J.
8. Christopher Ailsby, Deutsche Fallschirmjäger 1939–1945. Tosa, Wien 2002.
9. Karl Otmar von Aretin, Ulrich Cartarius (Hg.), Opposition gegen Hitler. Siedler, Berlin 1994.
10. Gregor Mendel (1822–1884), österreichischer Vererbungsforscher. Aus seinen Experimenten mit Kreuzungen und künstlicher Befruchtung von Pflanzen leitete er Gesetzmäßigkeiten, die Mendel-Regeln, ab, die eine Grundlage der modernen Genetik bilden.
11. Mark Aurel (Marcus Aurelius Antoninus, 121–180, römischer Kaiser), Selbstbetrachtungen. Insel, Frankfurt a. M. 1992.
12. Hilde Kammer, Elisabeth Bartsch, Lexikon Nationalsozialismus. Rowohlt Taschenbuch, Reinbek 1999.
13. Heinrich Zille (1858–1929), deutscher Zeichner und Fotograf, dokumentierte unter anderem im *Simplicissimus* mit Ironie und Humor das Berliner Milieu der verelendeten proletarischen Viertel.
14. Zum Beispiel der Bildband von Frank Grube und Gerhard Richter, Alltag im Dritten Reich. So lebten die Deutschen 1933–1945. Hoffmann und Campe, Hamburg 1982.
15. Berlin Document Center, heute Bundesarchiv / Abteilung R – Deutsches Reich, Finckensteinallee 63, 12205 Berlin.

16. Worte aus Stein. Die Ordensburgen Marienburg, Sonthofen, Vogelsang und Crössinsee. Video (2002), ZeitReisen Verlag, www.zeitreisen-verlag.de.
17. Forschungsstelle für Zeitgeschichte in Hamburg, Schulterblatt 36, 20357 Hamburg.
18. Johannes Leep (Hg.), Wir waren Hitlers Eliteschüler. Heyne, München 1998.
19. Guido Knopp, Hitlers Kinder, Bertelsmann, München 2000.
20. Hans-Dieter Arntz, Die Ordensburg Vogelsang 1934–1945. Erziehung zur politischen Führung im Dritten Reich. Kümpel, Euskirchen 1986.
21. Rüdiger Sünner, Schwarze Sonne. Entfesselung und Missbrauch der Mythen in Nationalsozialismus und rechter Esoterik. Herder, Freiburg 1999.
22. Rolf Sawinski, Die Ordensburg Krössinsee in Pommern. Von der NS-Ordensburg zur polnischen Kaserne. Neuausgabe: Helios, Aachen 2004.
23. Deutsche Dienststelle für die Benachrichtigung der nächsten Angehörigen von Gefallenen der ehemaligen deutschen Wehrmacht (WASt, vormals Wehrmachtsauskunftsstelle), Eichborndamm 179, 13403 Berlin.
24. Horst-Eberhard Richter, Die Chance des Gewissens. Hoffmann und Campe, Hamburg 1986. Neuausgabe: Psychosozial-Verlag, Gießen 2002.
25. Wolfgang Benz, Hermann Graml, Hermann Weiß, Enzyklopädie des Nationalsozialismus. DTV, München 2001.
26. Hartmut Radebold, Abwesende Väter. Folgen der Kriegskindheit in Psychoanalysen. Vandenhoeck & Ruprecht, Göttingen 2000.
27. Joachim C. Fest, Hitler. Propyläen, Berlin 1995.
28. Virginia Cowles, Wilhelm der Kaiser. Ullstein, Frankfurt a. M./ Berlin 1997.
29. Henriette von Schirach, Der Preis der Herrlichkeit. Herbig, München 2002.
30. Sebastian Haffner, Anmerkungen zu Hitler. Fischer Taschenbuch, Frankfurt a. M. 1981.
31. Albert Speer, Erinnerungen. Propyläen, Berlin 1969.
32. Klaus Theweleit, Männerphantasien. Roter Stern, Frankfurt a. M. 1978.
33. Hans-Jürgen Schultz (Hg.), Sie sind wieder da. Faschismus und Reaktion in Europa, isp, Frankfurt a. M. 1990.
34. Hans-Gerd Jaschke, Birgit Rätsch, Yury Winterberg, Nach Hitler. Radikale rüsten auf. Bertelsmann, München 2001.
35. Ingmar Bergman, Mein Leben. Hoffmann und Campe, Hamburg 1987.